2022

Training

Abschlussprüfung

Realschule Bayern

Deutsch

LÖSUNGEN

STARK

15. ergänzte Auflage
www.stark-verlag.de

Inhalt

(Fortsetzung siehe nächste Seite)

Lösungen: Original-Abschlussprüfung 2020

Lösungen: Original-Abschlussprüfung 2021

*Das Corona-Virus hat auch im vergangenen Schuljahr die Prüfungsabläufe beeinflusst. Um dir die Lösungen zur Prüfung 2021 schnellstmöglich zur Verfügung stellen zu können, bringen wir sie in digitaler Form heraus. Sobald die Original-Prüfungsaufgaben 2021 zur Veröffentlichung freigegeben sind, können die Lösungen als PDF auf der Plattform **MyStark** heruntergeladen werden (Zugangscode vgl. Umschlaginnenseite).*

Jeweils zu Beginn des neuen Schuljahres erscheint der aktuelle Band „Training Abschlussprüfung“ mit der Original-Prüfung sowie das zugehörige Lösungsbuch.

Autoren:
Thomas Killinger (Training Grundwissen: Kapitel 1, 2; Übungsaufgaben 1–3; Lösungen zur Original-Abschlussprüfung)
Marion von der Kammer (Training Grundwissen: Kapitel 3 –7)
Redaktion (Übungsaufgabe 4)

Vorwort

Liebe Schülerin, lieber Schüler,

dies ist das Lösungsbuch zum Band *Training Abschlussprüfung Deutsch Realschule Bayern* (Best.-Nr. 91544ML und 915441). Es enthält ausführliche Lösungen zu den Trainingsaufgaben, den Übungsaufgaben im Stil der Abschlussprüfung und zur Original-Abschlussprüfung des Jahres 2020. Die Lösungen zur Abschlussprüfung 2021 stehen dir auf der Plattform *MyStark* als Download zur Verfügung.

Die Lösungen ermöglichen es dir, deine Leistung einzuschätzen. Es handelt sich um **Lösungsvorschläge**, die dir zeigen, wie man die Aufgaben richtig und umfassend beantworten kann. Das heißt, dass auch andere Lösungen als die hier abgedruckten möglich sind. Die Lösungen sind manchmal recht ausführlich und geben dir Anregungen, was du alles schreiben könntest. Das heißt nicht, dass deine Antworten auch immer so lang sein müssen.

Versuche stets, jede Aufgabe zunächst **selbstständig** zu lösen, und sieh nicht gleich in der Lösung nach. Solltest du nicht weiterkommen, helfen dir die Hinweise vor den Aufsatzbeispielen. Wenn du sie gelesen hast, solltest du unbedingt selbstständig weiterarbeiten. Am Schluss solltest du deine Lösung in jedem Fall mit der hier angebotenen Lösung vergleichen und deine eigenen Ergebnisse kontrollieren und vielleicht korrigieren oder ergänzen. Lies zu allen Aufgaben, die du nicht richtig lösen konntest oder bei denen du dir unsicher warst, noch einmal die allgemeinen Erläuterungen in dem entsprechenden Kapitel im A4-Trainingsband.

Viel Spaß beim Üben und vor allem viel Erfolg in der Prüfung!

▶ Lösungen Training Grundwissen

Erörterung ohne Informationsmaterial

Übung 1

1. a) Themabegriff: Betriebspraktikum
   Einschränkungen: Schülerinnen und Schüler; während ihrer Schulzeit
   Erörterungsauftrag: Dies hat einige Vorteile.

   b) Themabegriff: Bewegungsmangel
   Einschränkung: Kinder
   Erörterungsauftrag: Welche Ursachen hat diese Entwicklung? Erläutere Möglichkeiten, diesem Problem zu begegnen.

   c) Themabegriff: Erlernen von Fremdsprachen
   Einschränkungen: Jugendliche; innerhalb der Schule
   Erörterungsauftrag: Erörtere, warum es als Jugendlicher wichtig ist, Fremdsprachen zu lernen. Welche Mittel gibt es [...], das Erlernen von Sprachen innerhalb der Schule zu fördern?

2. *Themafrage zu 1. a):* Welche Vorteile hat ein Betriebspraktikum während der Schulzeit für die Schülerinnen und Schüler?
   Themafrage zu 1. b): Welche Ursachen hat der zunehmende Bewegungsmangel bei Kindern? Welche Möglichkeiten gibt es, diesem Problem zu begegnen?
   Themafrage zu 1. c): Warum ist es als Jugendlicher wichtig, Fremdsprachen zu lernen? Welche Mittel gibt es, das Erlernen von Sprachen innerhalb der Schule zu fördern?

3. a) Drogen: Der Begriff bezeichnet umgangssprachlich Rausch- und Betäubungsmittel, die eine bewusstseins- und wahrnehmungsverändernde Wirkung haben können. Darunter fallen sowohl legale Genussmittel wie Koffein, Alkohol oder Nikotin als auch verbotene Substanzen wie Cannabis und Heroin oder missbräuchlich verwendete Medikamente.

   b) Freizeit: Mit diesem Begriff ist die Zeit gemeint, in der ein Mensch weder arbeiten noch anderen Verpflichtungen nachgehen muss, sondern frei über die Zeit verfügen kann, um sich z. B. zu erholen oder Hobbys nachzugehen.

c) Medien: Damit sind üblicherweise alle Mittel zur Informationsübertragung gemeint. Dazu gehören sowohl die Printmedien wie Bücher, Zeitungen usw. als auch elektronische bzw. digitale Medien wie Radio, Fernsehen oder das Internet mit seinen zahlreichen Plattformen.

4. a) bis c) *individuelle Schülerlösung*

Übung 2

	ein-gliedrig	zwei-gliedrig	mehr-gliedrig	Entscheidungsfrage
1. a) Sonntags einkaufen? – Immer wieder hört man die Forderung danach. Was spricht dafür, was dagegen?	☐	☒	☐	☐
b) Das Internet hat großen Einfluss auf unser Leben. Stelle die Vor- und Nachteile des Internetshoppings dar. Beziehe Stellung zu diesem Thema.	☐	☐	☐	☒
c) Inwiefern stellt Sport ein Mittel zur Förderung der Bildung, der Gesundheit und der Entwicklung des Friedens dar?	☒	☐	☐	☐

2. a) Welche Gründe hat der stärker werdende Zulauf bei Extremsportarten?
   b) Welche Vor- und Nachteile haben Ganztagsschulen?
   c) Warum sind Fernsehserien, in denen Menschen in ihrem Alltag gezeigt werden, so beliebt? Welche Kritikpunkte gibt es bezüglich dieser Art von Sendung?

Übung 3

1. *So könnten deine weiteren W-Fragen lauten:*
   - Wie sind die jeweiligen Personen betroffen/beteiligt?
   - Was brächte eine Ladenöffnung für mich?
   - Warum sind die Geschäfte in der Regel sonntags nicht geöffnet?

2. - *Wer/Was ist von der Ladenöffnung an Sonntagen betroffen?* Ladenbesitzer, Beschäftigte, Kunden

- *Welche Auswirkungen/Probleme würde die Ladenöffnung mit sich bringen?* Steigende Personal- und Lohnkosten; weniger Freizeit für Angestellte
- *Welche Bereiche sind von diesen Auswirkungen betroffen?* Wirtschaftlicher/finanzieller Bereich, gesellschaftlicher Bereich, sozialer Bereich
- *Wie sind die jeweiligen Personen betroffen/beteiligt?* Ladenbesitzer: Anzahl an Personal, Lohnkosten, Umsätze; Beschäftigte: Arbeitszeiten/ Lohn; Kunden: mögliche Einkaufszeiten
- *Was brächte eine Ladenöffnung für mich?* Mehr Zeit zum Einkaufen, weniger Stress
- *Warum sind die Geschäfte in der Regel sonntags nicht geöffnet?* Ladenschlussgesetz

Übung 4

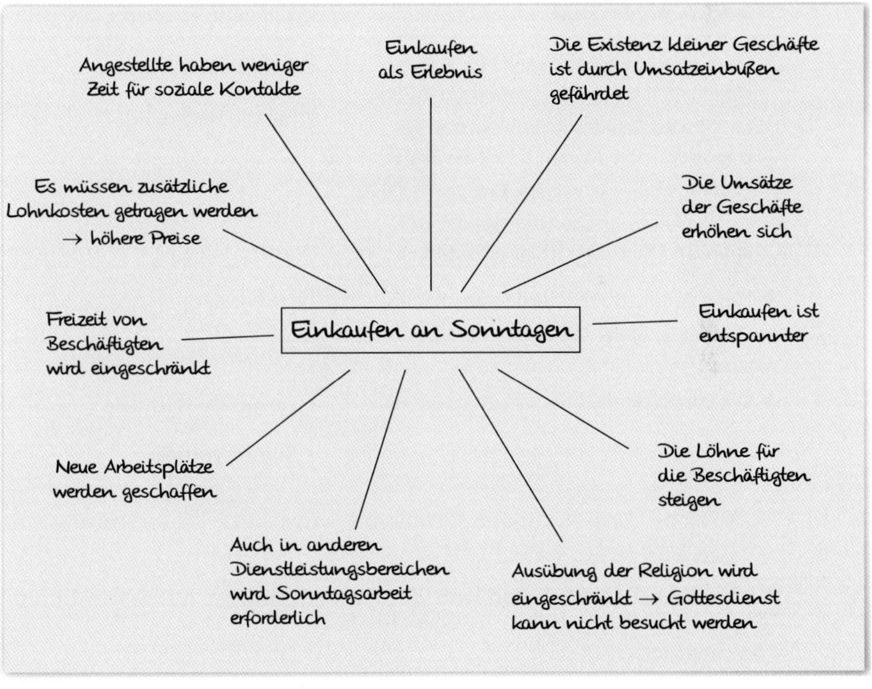

Übung 5

1. Vorteile/Nachteile für **die Ladenbesitzer**
   Vorteile/Nachteile für **die Beschäftigten**
   Vorteile/Nachteile für **die Kunden**

2. a) bis c)
   Folgende Oberbegriffe und Ideen gehören inhaltlich zusammen und sollten daher in der gleichen Farbe unterstrichen bzw. markiert werden:
   - ~~Vorteile~~/Nachteile für die Beschäftigten: Freizeit von Beschäftigten wird eingeschränkt; Angestellte haben weniger Zeit für soziale Kontakte; Ausübung der Religion wird eingeschränkt → Gottesdienst kann nicht besucht werden
   - Vorteile/~~Nachteile~~ für die Kunden: Einkaufen als Erlebnis; Einkaufen ist entspannter

3. a)

Ideen für Argumente	Mögliche Oberbegriffe
• Die Existenz kleiner Geschäfte ist durch Umsatzeinbußen zunehmend gefährdet. • Es müssen zusätzliche Lohnkosten getragen werden, wodurch sich die Preise erhöhen. • Auch in anderen Dienstleistungsbereichen wird Sonntagsarbeit erforderlich.	☐ Finanzielle Vorteile ☐ Soziale Nachteile ☒ Wirtschaftliche Nachteile ☐ Vorteile für die Gesellschaft
• Neue Arbeitsplätze werden geschaffen. • Die Umsätze der Geschäfte erhöhen sich. • Die Löhne für die Beschäftigten steigen.	☐ Nachteile für die Gesellschaft ☒ Wirtschaftliche Vorteile ☐ Finanzielle Nachteile ☐ Soziale Vorteile

   b) ☐ Welche Auswirkungen/Probleme würde die Ladenöffnung mit sich bringen?
   ☒ Welche Bereiche sind von den Auswirkungen durch die Ladenöffnung betroffen?

4. a) und b)

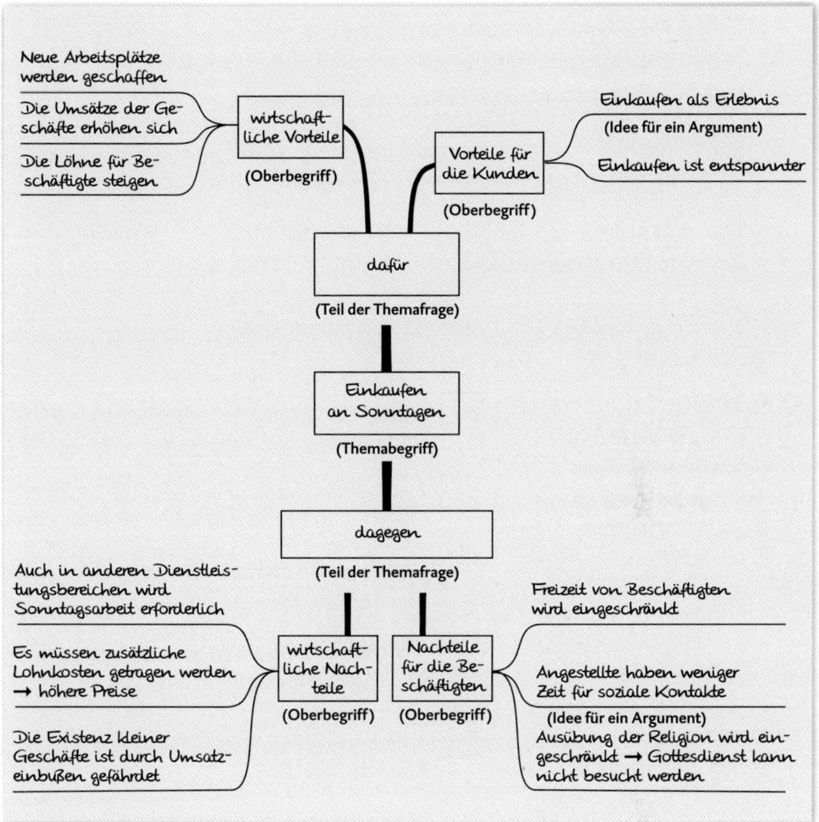

Übung 6

1. a) ~~Existenzgefährdung besteht für kleine Geschäfte durch Umsatzeinbußen~~
   Existenzgefährdung für kleine Geschäfte durch Umsatzeinbußen
   b) Steigerung der Attraktivität des Einkaufserlebnisses
   ~~Attraktivität des Einkaufserlebnisses steigt~~
   c) Einschränkungen in der Freizeit von Beschäftigten
   ~~Freizeit von Beschäftigten wird eingeschränkt~~

2. a) Zusätzliche Lohnkosten ~~vom~~ Personal → Zusätzliche Lohnkosten für das Personal
   b) Schaffung ~~neue~~ Arbeitsplätze → Schaffung neuer Arbeitsplätze
   c) Erhöhung ~~des Preises~~ → Erhöhung der Preise

3. a) Die Umsätze der Geschäfte erhöhen sich. → Erhöhung der/Höhere Umsätze der Geschäfte
   b) Die Ausübung der Religion wird eingeschränkt. → Einschränkung in der Ausübung der Religion

4.

Gliederungspunkt im Verbalstil	**Variante im Nominalstil**
Einleitung: *In Deutschland sind viele Geschäfte in der Regel montags bis samstags von 8 bis 20 Uhr geöffnet*	☐ Regelöffnungszeiten von deutschen Geschäften sind montags bis samstags von 8 bis 20 Uhr ☐ Ladenöffnungszeiten von Montag bis Samstag von 8 bis 20 Uhr sind üblich ☐ Geöffnete Geschäfte in der Regel in Deutschland von 8 bis 20 Uhr ☒ Übliche Ladenöffnungszeiten in Deutschland: Montag bis Samstag von 8 bis 20 Uhr
Hauptteil: *Welche Argumente sprechen für das Einkaufen am Sonntag? Welche Argumente sprechen dagegen?*	☐ Gründe, die für und gegen das Einkaufen am Sonntag sprechen ☐ Argumente für das Einkaufen am Sonntag ☐ Sprachliche Gründe für und gegen das Einkaufen am Sonntag ☒ Argumente für und gegen das Einkaufen an Sonntagen
Schluss: *Niemand sollte gezwungen werden, sonntags zu arbeiten*	☐ Niemanden zur Sonntagsarbeit zwingen ☒ Forderung: kein Zwang zur Sonntagsarbeit ☐ Forderung nach Zwanglosigkeit bei Sonntagsarbeit ☐ Sonntagsarbeit nicht zwingend

5. *Gliederung:*

A. In Deutschland sind viele Geschäfte in der Regel montags bis samstags von 8 bis 20 Uhr geöffnet

B. **Welche Argumente sprechen für das Einkaufen am Sonntag? Welche Argumente sprechen dagegen?**

1 Argumente für das Einkaufen an Sonntagen

1.1 Vorteile für die Kunden

1.1.1 Entspannteres Einkaufen

1.1.2 Attraktive Erlebniseinkäufe

1.2 **Wirtschaftliche Vorteile**

1.2.1 Schaffung neuer Arbeitsplätze

1.2.2 Höhere Löhne für die Beschäftigten

1.2.3 Höhere Umsätze der Geschäfte

2 Argumente gegen das Einkaufen an Sonntagen

2.1 Nachteile für die Beschäftigten

2.1.1 Einschränkungen in der Freizeit

2.1.2 Einschränkung der sozialen Kontakte

2.1.3 Einschränkung in der Ausübung der Religion

2.2 **Wirtschaftliche Nachteile**

2.2.1 Erforderlichkeit von Sonntagsarbeit in anderen Dienstleistungsbereichen

2.2.2 Existenzgefährdung für kleine Geschäfte durch Umsatzeinbußen

2.2.3 Zusätzliche Lohnkosten und Preiserhöhungen

C. Niemand sollte gezwungen werden, sonntags zu arbeiten

Übung 7

1. a) Ein persönliches Erlebnis
   b) Eine statistische Aussage/das Ergebnis einer Untersuchung
   c) Ein Blick auf die Geschichte

2. a) Nummern: 5, 7
   b) Nummer: 6
   c) Nummern: 2, 4

3. *So könnten deine Verbesserungen für die Einleitungsbeispiele a bis c lauten:*
   a) Bei unserem letzten Familienurlaub auf den Kanarischen Inseln waren meine Eltern und ich davon überrascht, dass es dort eine Selbstverständlichkeit ist, die Geschäfte auch sonntags zu öffnen. Doch hier gibt es einen großen Widerstand gegen die Öffnung. Daher stellt sich die Frage, was für und was gegen das Einkaufen am Sonntag spricht.
   b) Fast ein Drittel der Deutschen würde laut einer aktuellen Umfrage das Verkaufsverbot am Sonntag am liebsten komplett aufheben und die Hälfte wünscht sich mehr verkaufsoffene Sonntage im Jahr. Das bedeutet aber auch, dass auf der anderen Seite viele Menschen keine Notwendigkeit für eine Veränderung sehen. Daher ist es sinnvoll, die Frage zu erörtern, was für das Einkaufen am Sonntag spricht und was dagegen.
   c) Bis in die 1990er-Jahre war es üblich, dass die Geschäfte samstags spätens um 14.00 Uhr schlossen und es ab und zu einen sogenannten langen Samstag gab, an dem bis 18.00 Uhr geöffnet war. Heute sind Öffnungszeiten bis 20.00 Uhr am Samstag eine Selbstverständlichkeit und es gibt immer öfter Forderungen nach der Aufhebung des Sonntagsverbots, wodurch sich die Frage stellt, was für das Einkaufen am Sonntag spricht und was dagegen.

4. Die christliche Tradition begründet, dass der Sonntag arbeitsfrei sein soll, denn es gibt in der Bibel die Aussage „Am siebten Tag sollst du ruhen“. Dies ist auch der Grund dafür, dass in der Regel am Sonntag die Geschäfte geschlossen bleiben. Für gläubige Menschen besitzt der arbeitsfreie Sonntag einen sehr hohen Stellenwert. Daher sollte man der Frage nachgehen, was für das Einkaufen am Sonntag spricht und was dagegen.

Übung 8

1.

	Behauptung	Begründung	Beispiel	Abrundung
So kann man beispielsweise schon jetzt deutlich erkennen, dass nach einem verkaufsoffenen Sonntag weniger Betrieb in den Innenstädten ist.	☐	☐	☒	☐
Sie haben einerseits weder das Personal, um am Sonntag zu öffnen, noch die Mittel, zusätzliches Personal zu bezahlen. Dadurch würde die				

Konkurrenz den kleinen Geschäften an diesem Tag wesentliche Anteile des Umsatzes wegnehmen und die kleinen Läden hätten während der Woche bedeutende Umsatzrückgänge zu verzeichnen.	☐	☒	☐	☐
So sehr vielleicht große Geschäfte oder Warenhausketten vom „offenen Sonntag“ profitieren würden, so sehr würden die kleinen Geschäfte in ihrer Existenz durch finanzielle Einbußen gefährdet.	☒	☐	☐	☐
Auf Dauer kann sich dies kein Ladenbesitzer leisten und müsste aufgrund der entstehenden finanziellen Verluste möglicherweise sein Geschäft schließen.	☐	☐	☐	☒

2. a) Durch die Ausweitung der Öffnungszeiten auf den Sonntag können Kunden entspannter einkaufen. Sie sind dann nicht an Werktage gebunden, an denen Arbeit und andere Verpflichtungen die Zeit, die für das Einkaufen zur Verfügung steht, einschränken. Aus diesem Grund passen gerade größere Anschaffungen, für die es sinnvoll ist, sich mehrere Vergleichsangebote einzuholen oder eine ausführliche Beratung in Anspruch zu nehmen, sehr gut zu einem Sonntag. ∀
   ∀ *Abrundung:* Das hätte nicht nur zur Folge, dass die Kunden während des Einkaufs entspannter sind, sondern auch im Nachhinein, weil sie genügend Zeit hatten, um das optimale Produkt auszusuchen.

   b) Als weiteres Argument zählt die Schaffung neuer Arbeitsplätze. Mehr Öffnungstage müssen mit mehr Personal aufgefangen werden. Die Wochenarbeitszeit ist nämlich tariflich begrenzt. ∀ Auf diese Weise würde sich die Schaffung neuer Arbeitsplätze nicht nur auf den Einzelhandel beschränken.
   ∀ *Beispiel:* Zusätzliche Arbeitsplätze entstünden dabei nicht nur in den Geschäften, die sonntags öffnen, sondern auch in anderen Bereichen, die von der Belebung der Innenstädte profitieren würden, zum Beispiel Cafés, Restaurants oder Kinos.

3. a) Als ein Nachteil ist zu werten, dass dadurch auch Sonntagsarbeit in anderen Dienstleistungsbereichen erforderlich werden würde. Geöffnete Geschäfte in den Städten kommen nicht so einfach ohne andere Dienstleistungsangebote aus. Zusätzlich müssten beispielsweise die öffentlichen Verkehrsmittel so verkehren wie an Werktagen, um die Kunden zu transportieren. Außerdem bräuchte man mehr Personal für die

Sicherheitsdienste, in der Gastronomie und in vielen anderen Bereichen. Das würde dazu führen, dass in immer mehr Berufen der Sonntag zum ganz normalen Arbeitstag würde.

b) Darüber hinaus würden die Angestellten, die am Sonntag arbeiten müssen, in ihrer Freizeit eingeschränkt, denn sie könnten sich nicht darauf verlassen, dass sie zumindest über einen Tag in der Woche frei verfügen können, um einem Hobby nachzugehen oder mit der Familie einen Ausflug zu unternehmen. Diese Maßnahme hätte demnach deutlichen Einfluss auf das Privatleben aller im Einzelhandel beschäftigten Personen.

Übung 9

1. *So könnten deine Verbesserungen aussehen:*
   a) Durch die Öffnung der Geschäfte **kann** ~~verliert~~ der Sonntag seine religiöse Bedeutung **verlieren**.
   b) Einkaufen am Sonntag steigert **möglicherweise** den Gewinn der Geschäfte.
   c) **Es ist möglich, dass** die Sonntagsöffnung ~~führt überall~~ zu einer Anhebung der Preise **führt**.

2. *Erklärung:* Die Behauptung, dass durch die Öffnung der Geschäfte der Sonntag „abgeschafft" würde, ist stark übertrieben. Zwar würden einige Angestellte den Gottesdienst nicht mehr besuchen können, aber das trifft bei Weitem nicht auf alle Menschen zu. Den Kunden bleibt weiterhin freigestellt, ob sie in den Gottesdienst gehen oder nicht.

   Verbesserung: Schließlich kann die Öffnung der Geschäfte am Sonntag dazu führen, dass die dort beschäftigten Christen in der Ausübung ihrer Religion eingeschränkt werden, indem sie weder den Gottesdient besuchen noch die Sonntagsruhe einhalten können, denn für die Christen ist der Sonntag ein Ruhetag. Aus der christlichen Tradition heraus wurde die sogenannte Sonntagsruhe sogar im Grundgesetz festgeschrieben. In einigen Bereichen, beispielsweise in Krankenhäusern, bei Rettungsdiensten oder der Polizei ist Sonntagsarbeit unerlässlich, und auch in der Industrie ist sie oft notwendig. Eine weitere Aufweichung muss man jedoch ablehnen, da der Sonntag sonst seine religiöse Bedeutung verlieren kann und immer mehr Gläubige nicht mehr die Möglichkeit haben, ihren Sonntagsgottesdienst zu besuchen.

3. *So könnte deine Verbesserung aussehen:*
   Zu bedenken ist auch, dass **die am Sonntag arbeitenden Ladenangestellten** eine Einschränkung **ihrer** sozialen Kontaktmöglichkeiten hinzunehmen hat. An diesem Tag kann <u>man</u> sich dann nicht mehr mit Freunden verabreden, Sport- oder Musikveranstaltungen besuchen, ins Kino gehen oder einen Ausflug machen. An den eigenen freien Tagen während der Woche haben jedoch die Freunde keine Zeit, da diese dann arbeiten müssen und **es dadurch nicht möglich wäre, sich mit ihnen zu treffen**.

Übung 10

1. Als weiteres Argument zählt die Schaffung neuer Arbeitsplätze, **denn** mehr Öffnungstage müssten mit mehr Personal aufgefangen werden, **da/weil** die Wochenarbeitszeit tariflich begrenzt ist. Zusätzliche Arbeitsplätze entstünden **nicht nur** in den Geschäften, die sonntags öffnen, **sondern auch** in anderen Bereichen, die durch die Belebung der Innenstädte profitierten, zum Beispiel Cafés, Restaurants oder Kinos. **Somit** würde sich die Schaffung neuer Arbeitsplätze nicht nur auf den Einzelhandel beschränken. Neben neuen Arbeitsplätzen ergäben sich **auch/außerdem/zudem** höhere Löhne für die Angestellten, **da/weil** es für die Arbeit am Sonntag Zuschläge gibt. **Außerdem/Zudem** würden die Überstunden, die durch die Mehrarbeit am Sonntag anfallen würden, zusätzlich vergütet. **Folglich/Deshalb** würden auch die Beschäftigten in den Läden von einer Öffnung an diesem Wochentag profitieren.

2. a) Schließlich kann die religiöse Bedeutung des Sonntags für Christen nicht einfach außer Acht gelassen werden, **denn** es gibt es für Gläubige die eindeutige Vorschrift, „dass man am siebten Tag ruhen soll“. ([...], **weil/da** es für Gläubige die eindeutige Vorschrift gibt, [...])
   b) Die Konkurrenz nimmt den kleinen Läden wesentliche Anteile des Umsatzes am Sonntag weg, **sodass/woraufhin** diese während der Woche bedeutende Umsatzrückgänge zu verzeichnen hätten. ([...], **deshalb** hätten die kleinen Läden während der Woche bedeutende Umsatzrückgänge zu verzeichnen.)

3. a) [...] Das führt dazu, dass in immer mehr Berufen der Sonntag zum ganz normalen Arbeitstag wird.
   Darüber hinaus werden die Angestellten, die am Sonntag arbeiten müssen, in ihrer Freizeit eingeschränkt. [...]

   b) [...] An den eigenen freien Tagen während der Woche haben jedoch die Freunde keine Zeit, da sie selbst arbeiten müssen.
   Hinzu kommt, dass die Ausweitung der Ladenöffnung auf den Sonntag auch für die Kunden nicht nur positive Auswirkungen mit sich bringt, denn zusätzliches Personal bedeutet zusätzliche Lohnkosten und diese können in der Folge nur mit Preiserhöhungen ausgeglichen werden. [...]

   c) [...] Sodass der Sonntagseinkauf nicht nur dazu dient, notwendige Besorgungen zu erledigen, sondern zu einem Erlebnis für die ganze Familie wird.
   Als weiteres Argument lässt sich anführen, dass mehr Arbeitsplätze geschaffen werden, denn mehr Öffnungstage müssen mit mehr Personal aufgefangen werden. [...]

Übung 11

1. Eine Zusammenfassung der Argumente

2. a) *So könnte deine Bewertung aussehen:*

Checkliste	ja	nein
Ist der Schluss etwa so lang wie die Einleitung?	☒	☐
Gibt es eine sinnvolle Überleitung vom Hauptteil zum Schluss?	☐	☒
Rundet der Schlussteil den Aufsatz wirklich ab, indem er z. B. ein Ergebnis formuliert oder einen Bogen zum Einleitungsgedanken schlägt?	☒	☐
Wurde darauf geachtet, nicht ausschweifend Argumente aus dem Hauptteil zu wiederholen, sondern nur die wesentlichen Aussagen zusammenzufassen?	☒	☐
Wurde die eigene Meinung gut begründet, damit der Schluss nicht zu oberflächlich bleibt?	☐	☒
Wurde darauf geachtet, keine neuen Argumente im Schluss vorzubringen?	☐	☒

b) *So könnte deine Verbesserung aussehen:*
Es genügt nicht, nur das Für und Wider abzuwägen. Vielmehr ist es auch notwendig, sich die Folgen einer solchen Gesetzesänderung vor Augen zu führen. *(Überleitung ergänzt)* Sobald die Politik der Forderung nachgibt und die Geschäfte regelmäßig sonntags öffnen dürfen, wird es vermutlich nicht lange dauern, bis auch noch eine Ausdehnung auf den Abend bzw. die Nacht verlangt wird. Das hätte zur Folge, dass wir in Deutschland, ebenso wie in den USA, irgendwann keine gesetzlich geregelten Ladenschlusszeiten mehr hätten. ~~Die Geschäfte [...] konkurrenzfähig bleiben.~~ *(neue Behauptung gestrichen)* Ich bin der Auffassung, dass weder die Ausweitung auf die Abend- bzw. Nachtstunden noch auf die Sonntage wirklich notwendig ist. **Wenn man seine Zeit gut organisiert, dann schafft es jeder, ohne Stress während der bisherigen Öffnungszeiten einzukaufen.** *(Begründung ergänzt)*

3. a) Wie man sieht, gibt es auf beiden Seiten eine Reihe von Argumenten, die ein besonderes Gewicht haben. Dennoch zweifle ich, ob es einen wirklichen Bedarf für einen regelmäßigen verkaufsoffenen Sonntag gibt. Ich bin der Überzeugung, dass die Einkaufszeiten von montags bis samstags und einige erlaubte Einkaufssonntage im Jahr es allen Konsumenten erlauben, stressfrei ihre Besorgungen zu machen. Das hängt meiner Ansicht nach nämlich weniger davon ab, wann die Geschäfte geöffnet sind, sondern davon, wie gut jemand seine Zeit nutzt bzw. organisiert.

b) Schon jetzt ist die Sonntagsarbeit in vielen Bereichen der Arbeitswelt die Regel. In vielen Industriebetrieben ist die Schichtarbeit üblich und die Fließbänder laufen auch an den Sonntagen. Außerdem gibt es in vielen europäischen Staaten längst keine gesetzlich festgelegten Ladenöffnungszeiten mehr. Daher ist es auch in Deutschland nur noch eine Frage der Zeit, bis die Öffnungszeiten freigegeben werden und jeder Geschäftsinhaber selbst entscheiden kann, wann und wie lange er öffnet.

c) Die positiven Urlaubserfahrungen aus den südlichen Ländern, die kein Sonntagsverbot kennen, verstärken meinen Wunsch, diese Annehmlichkeit auch hier in Deutschland genießen zu können. Der Sonntag ist der Tag, an dem man viel Zeit hat, die man z. B. mit der Familie für einen ausgiebigen und entspannten Einkaufsbummel in der Stadt nutzen kann. Außerdem wäre ausreichend Zeit, um einen Ausflug in die Stadt mit anderen Unternehmungen wie einem Kinobesuch zu verbinden.

Erörterung mit Informationsmaterial

Übung 12

1.

Fragen zur Themaanalyse	Analyseergebnisse
Was steht im **Vorspann**?	Der Klimawandel wird längst nicht mehr angezweifelt.
Wie lautet der **Themabegriff**?	Klimawandel
Welche **Einschränkungen** werden genannt?	Keine Einschränkungen
Wie lautet der **Erörterungsauftrag**?	Erörtere mögliche Folgen und Maßnahmen, der Erderwärmung entgegenzuwirken.
Um welche **Art der Erörterung** handelt es sich?	Zweigliedrige Erörterung

2. Welche Folgen hat der Klimawandel? Durch welche Maßnahmen kann man ihm entgegenwirken?

3. a) Der Vorspann …
   - [x] enthält bereits einen oder mehrere Themabegriffe.
   - [ ] nennt unterschiedliche Aspekte des Themas.
   - [ ] stellt einen aktuellen Bezug her und bietet damit einen Ausgangspunkt für weitere Überlegungen.
   - [x] gibt Fakten an die Hand, die nicht mehr diskutiert werden müssen.

   b) Enthält den Themabegriff „Klimawandel"; Existenz des Klimawandels unstrittig → „Der Klimawandel wird längst nicht mehr angezweifelt."

Übung 13

individuelle Schülerlösung

Übung 14

1. a) Aktueller Klimawandel vom Menschen erzeugt; Wandel sehr schnell im Vergleich zu natürlichen Schwankungen

   b) Umwelt, Tiere, Mensch

   c) Jahrhundertfluten, Dürren, gigantische Wirbelstürme

2. • Anstieg Durchschnittstemperatur in den letzten 100 Jahren: ca. 0,8 °C
   • Anstieg bis 2100 um bis zu 6,5 °C
   • Schwerwiegende Auswirkungen ab einem Anstieg von 2 °C
3. *Folgende Elemente solltest du blau (Argumente) bzw. orange (Einleitung) unterstrichen haben:*

> Klimawandel gab es auf der Erde schon immer. Da diese Erwärmungen und Absenkungen der Temperatur sehr langsam passierten, hatte die Natur immer genug Zeit, sich auf die bevorstehenden Veränderungen vorzubereiten. Doch zurzeit hat es die Erde mit einer von Menschen gemachten globalen Erwärmung zu tun. Diese geht im Vergleich zu den früheren Wandeln sehr schnell vonstatten, was katastrophale Folgen für Umwelt, Tiere und Menschen nach sich ziehen könnte.
> In den letzten 100 Jahren haben Forscher einen Anstieg der Durchschnittstemperatur von ungefähr 0,8 °C gemessen. Bis zum Jahr 2100 wird durch den Klimawandel mit einem Anstieg von bis zu 6,5 °C gerechnet, wenn nichts dagegen getan wird. Schon ab 2 °C wird es zu schwerwiegenden Auswirkungen kommen, wie Jahrhundertfluten, Dürren und gigantischen Wirbelstürmen. Der Klimawandel entsteht durch den Treibhauseffekt.

Quelle: Jugendorganisation Bund Naturschutz. Niklas: In: www.jbn.de/kampagnen/klimawandel/klimawandel-erklaert/

Übung 15

1. a) und b)

Auswirkungen auf den **Menschen**	Auswirkungen auf die **Wirtschaft**
• Steigende Gesundheitsgefahr durch Hitze • Zehntausende Tote durch Hitzewellen • Millionen Menschen von Hochwasser und Überschwemmungen betroffen • Steigendes Risiko durch Infektionskrankheiten • Ausbreitung von West-Nil-Fieber, Denguefieber, Chikungunyafieber und Leishmaniose • Ausbreitung exotischer Zecken- und Mückenarten	• Seit 1980 Kosten von 400 Milliarden Euro • Fortschreiten des Klimawandels bringt weiter steigende Kosten • Je stärker die Veränderung, desto stärker der Anstieg der wirtschaftlichen Schäden

2. *So solltest du die Stichpunkte markiert haben:*
Blau (Behauptungen): Steigende Gesundheitsgefahr durch Hitze, Millionen Menschen von Hochwasser und Überschwemmungen betroffen; Steigendes Risiko durch Infektionskrankheiten; Fortschreiten des Klimawandels bringt weiter steigende Kosten
Gelb (Begründungen): Ausbreitung exotischer Zecken- und Mückenarten; Je stärker die Veränderung, desto stärker der Anstieg der wirtschaftlichen Schäden
Grün (Beispiele): Zehntausende Tote durch Hitzewellen; Ausbreitung von West-Nil-Fieber, Denguefieber, Chikungunyafieber und Leishmaniose; Seit 1980 Kosten von 400 Milliarden Euro

Übung 16

1. a)

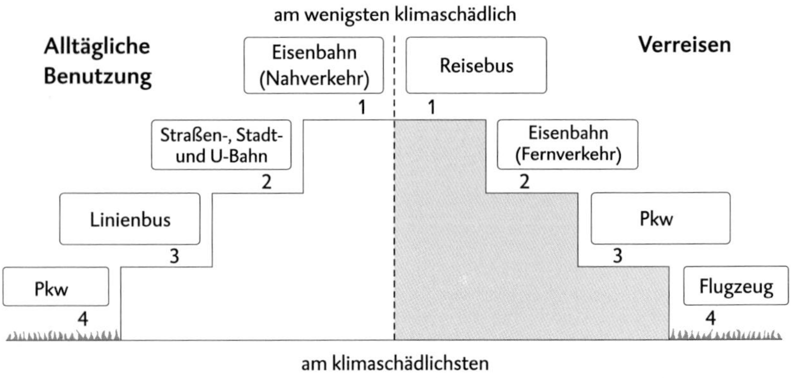

b) ☒ Der Treibhausgasausstoß eines Pkws ist mit 142 g pro Person und Kilometer doppelt so hoch wie bei Straßen-, S- und U-Bahn.

☒ Beim Auto liegt der Wert etwa 100 g pro Person und Kilometer über dem der Eisenbahn im Fernverkehr.

☐ Der Wert der ausgestoßenen Treibhausgase ist beim Linienbus etwa halb so hoch wie bei Straßen-, S- und U-Bahn.

☒ Bei Linienbussen ist der Wert fast um die Hälfte niedriger als bei Pkws.

☒ Bei der Eisenbahn im Fernverkehr beträgt der Ausstoß nur ein Fünftel im Vergleich zum Flugzeug.

☐ Noch günstiger als die Eisenbahn im Nahverkehr kommt der Reisebus davon, dessen Treibhausgasausstoß nochmals 9 g darunterliegt.

2. *Alltag:* Vermeidung des Autos zugunsten öffentlicher Verkehrsmittel
   Verreisen: Bewusste Wahl des Verkehrsmittels zum Verreisen

Übung 17

	richtig	falsch
Im Jahr 2015 betrugen die CO_2-Emissionen Chinas 10 720 Tonnen.	☐	☒
Die CO_2-Emissionen stiegen seit 1990 um mehr als das Vierfache an.	☐	☒
Je Einwohner ist der Ausstoß an CO_2 in den USA mehr als doppelt so hoch wie in China.	☒	☐
In Deutschland hat der CO_2-Ausstoß seit 1990 um 24 Tonnen abgenommen.	☐	☒
Pro Einwohner werden in Deutschland 9,6 Tonnen ausgestoßen.	☒	☐
Indien hat den zweithöchsten prozentualen Zuwachs an CO_2-Emissionen seit 1990.	☒	☐
Jeder Kanadier produziert 19 Tonnen CO_2 im Jahr.	☒	☐
Kanada ist der größte Klimasünder.	☐	☒

Übung 18

1. *Folgende Aussagen solltest du unterstrichen haben:*
   Im 1. Absatz: „Zum Beispiel der Austausch alter Geräte wie Kühlschrank, Waschmaschine oder Trockner gegen sparsamere Modelle mit einer hohen Energieeffizienzklasse."
   Im 2. Absatz: „Überlegen Sie außerdem, welches Gerät am besten zu Ihnen passt: Ein zu groß dimensionierter Kühlschrank ist trotz hoher Effizienzklasse ein unnötiger Kostenverursacher."
   Im 3. Absatz: „[Die jährliche Menge an CO_2] lässt sich ganz leicht reduzieren: Einfach indem Sie Ihren Fernseher, PC, Drucker oder die Espresso-Maschine richtig ausschalten, statt sie im Stand-by-Modus zu lassen."

2. Besonders wichtig ist es, beim Neukauf von Geräten darauf zu achten, dass man sparsame Geräte mit einer hohen Energieeffizienzklasse wählt. Dadurch kann der Stromverbrauch im Haushalt deutlich gesenkt werden.

Gerade Geräte, die häufig benutzt werden, sollten das Energielabel A+++ besitzen und die richtige Größe haben. Solche Geräte sind zum Beispiel Kühlschränke und Waschmaschinen. Hier rechnet sich die Neuinvestition am schnellsten, erst recht, wenn das Gerät genau zum individuellen Bedarf passt (vgl. Material 5).
Darüber hinaus sollte darauf geachtet werden, dass man mit Energie sparsam umgeht. Mit einfachen Maßnahmen lässt sich einiges an Strom sparen. Der Verzicht auf den Stand-by-Betrieb beim Fernseher, Computer oder der Kaffeemaschine kann eine Einsparung von bis zu 100 Euro im Jahr ausmachen. Also lohnt es sich nicht nur für die Umwelt, sondern auch für den eigenen Geldbeutel, die Geräte ganz auszuschalten (vgl. Material 5).

Übung 19

- Häufigere und stärkere Wetterextreme, z. B. Hochwasser, Wirbelstürme
- Steigende Kosten durch Schäden, z. B. nach Naturkatastrophen
- Klimaveränderung führt in manchen Gebieten zu Problemen in der Wasser- und Nahrungsmittelversorgung, z. B. durch Ernteausfälle aufgrund von Dürreperioden
- In anderen Regionen bessere Wachstumsbedingungen, z. B. Verschiebung der Weinanbaugebiete in den Norden Deutschlands
- Zerstörung von Ökosystemen, z. B. Absterben der Korallenriffe durch die Erwärmung
- Anstieg des Meeresspiegels, wenn Eis der Gletscher und Polkappen schmilzt → Regionen/Inseln, die höchstens 7 m über dem Meeresspiegel liegen, werden für immer im Meer verschwinden

Übung 20

1. a) Das Diagramm gibt Auskunft über die Klimaschutzziele Deutschlands, indem die Entwicklung des Ausstoßes von Treibhausgasen in den Bereichen Landwirtschaft, Gebäude, Verkehr, Industrie und Stromerzeugung für verschiedene Jahre zwischen 2000 und 2050 dargestellt wird.
   b) Die Werte werden in der Einheit Millionen Tonnen CO_2 dargestellt.
   c) Die Einsparung 2030 soll ungefähr bei 50 % des Wertes von 2000 liegen.

d) Die deutlichsten Einsparungen ergeben sich zwischen 2000 und 2014 im Bereich der Gebäude. Dies liegt vermutlich an effizienteren Heizungen und der Wärmedämmung der Häuser.

e) Im Sektor der Landwirtschaft gibt es zwischen 2010 und 2014 sogar wieder einen Anstieg. Gleiches gilt auch für den Verkehr.

f) Im Bereich Stromerzeugung soll bis 2030 die größte Einsparung von Treibhausgasen stattfinden.

2. a) Politik; Industrie; Stromerzeuger

b) Politik: internationale Gesetze zum Klimaschutz erlassen; nationale Maßnahmen zur Einsparung von Treibhausgasen fördern bzw. durchsetzen
Industrie und Stromerzeuger: CO_2-freie neue Technologien entwickeln; Einsatz erneuerbarer Energien

Übung 21

1. a) Im Hintergrund wird Berlin dargestellt, was man an den typischen Sehenswürdigkeiten wie dem Brandenburger Tor, dem Reichstagsgebäude oder dem Fernsehturm erkennt.

b) Aufgrund des Klimawandels kann es zum Anstieg des Meeresspiegels kommen. Dies könnte auch die Ostsee betreffen, wodurch der flache Norden Deutschlands überschwemmt würde, sodass die Ostseeküste eines Tages bis Berlin vorrücken könnte.

c) Durch den Treibhauseffekt erwärmt sich die Erde und die Durchschnittstemperaturen steigen an. Daher wäre es möglich, dass eines Tages auch an deutschen Stränden hohe Temperaturen herrschen wie derzeit am Mittelmeer.

2. *Die Karikatur „Vorteile des Klimawandels?“ (M 8) von Klaus Stuttmann zeigt* eine Situation, in der der Meeresspiegel der Ostsee so weit angestiegen ist, dass das Meer bis nach Berlin reicht. Dieser Umstand wird allerdings von den bei bestem Wetter Badenden als (vermeintlicher) Vorteil empfunden. Die Karikatur stellt also zum einen mögliche Folgen der Erderwärmung überspitzt dar und nimmt zum anderen das fehlende Problembewusstsein der Menschen auf die Schippe.

Übung 22

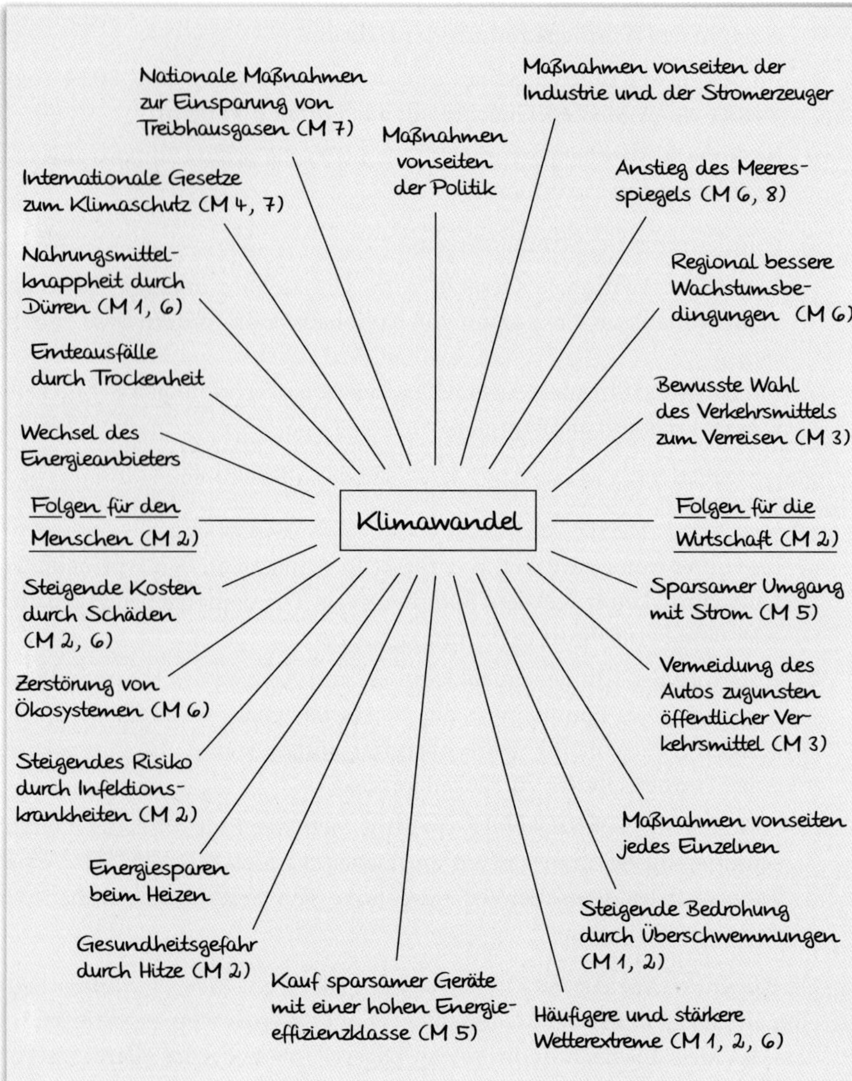
Klimawandel
Nationale Maßnahmen zur Einsparung von Treibhausgasen (M 7)
Maßnahmen vonseiten der Politik
Maßnahmen vonseiten der Industrie und der Stromerzeuger
Internationale Gesetze zum Klimaschutz (M 4, 7)
Anstieg des Meeresspiegels (M 6, 8)
Nahrungsmittelknappheit durch Dürren (M 1, 6)
Regional bessere Wachstumsbedingungen (M 6)
Ernteausfälle durch Trockenheit
Bewusste Wahl des Verkehrsmittels zum Verreisen (M 3)
Wechsel des Energieanbieters
Folgen für den Menschen (M 2)
Folgen für die Wirtschaft (M 2)
Steigende Kosten durch Schäden (M 2, 6)
Sparsamer Umgang mit Strom (M 5)
Zerstörung von Ökosystemen (M 6)
Vermeidung des Autos zugunsten öffentlicher Verkehrsmittel (M 3)
Steigendes Risiko durch Infektionskrankheiten (M 2)
Maßnahmen vonseiten jedes Einzelnen
Energiesparen beim Heizen
Steigende Bedrohung durch Überschwemmungen (M 1, 2)
Gesundheitsgefahr durch Hitze (M 2)
Kauf sparsamer Geräte mit einer hohen Energieeffizienzklasse (M 5)
Häufigere und stärkere Wetterextreme (M 1, 2, 6)

Übung 23

1. ☐ Folgen der Klimaerwärmung ☐ Auswirkungen auf das Wetter
☐ Auswirkungen auf die Natur ☒ Folgen für die Umwelt
☐ Folgen für die Weltmeere ☐ Auswirkungen auf die Tierwelt

2. *Folgende Stichpunkte im Cluster aus Übung 22 solltest du rot (Oberbegriffe) unterstrichen haben:*
Maßnahmen vonseiten der Industrie und der Stromerzeuger; Maßnahmen vonseiten der Politik; Maßnahmen vonseiten jedes Einzelnen
Alle weiteren Stichpunkte sind Behauptungen und müssen daher blau markiert werden.

3.

Folgen des Klimawandels	**Maßnahmen zur Eindämmung des Klimawandels**
Folgen für die Wirtschaft • Regional bessere Wachstumsbedingungen • Steigende Kosten durch Schäden • Ernteausfälle durch Trockenheit	**Vonseiten der Industrie und der Stromerzeuger** • CO_2-freie neue Technologien • Einsatz erneuerbarer Energien *Diese Behauptungen wurden zum Oberbegriff passend ergänzt.*
Folgen für die Umwelt • Häufigere und stärkere Wetterextreme • Zerstörung von Ökosystemen • Anstieg des Meeresspiegels	**Vonseiten der Politik** • Internationale Gesetze zum Klimaschutz • Nationale Maßnahmen zur Einsparung von Treibhausgasen
Folgen für den Menschen • Steigende Gesundheitsgefahr durch Hitze • Bedrohung durch Überschwemmungen • Steigendes Risiko durch Infektionskrankheiten • Nahrungsmittelknappheit durch Dürren	**Vonseiten jedes Einzelnen** • Kauf sparsamer Geräte mit einer hohen Energieeffizienzklasse • Sparsamer Umgang mit Strom • Vermeidung des Autos zugunsten öffentlicher Verkehrsmittel • Bewusste Wahl des Verkehrsmittels zum Verreisen • Energiesparen beim Heizen • Wechsel des Energieanbieters

Übung 24

Gliederung:

A. Unter dem Begriff Klimawandel versteht man die Erwärmung der Erdatmosphäre durch den vom Menschen verursachten Treibhauseffekt/Definition des Begriffs „Klimawandel“

B. **Welche Folgen hat der Klimawandel? Welche Maßnahmen können zu seiner Eindämmung ergriffen werden?/Folgen des Klimawandels und Maßnahmen dagegen**

I. **Folgen des Klimawandels**

1. Folgen für die Wirtschaft

a) Regional bessere Wachstumsbedingungen

b) **Steigende Kosten durch Schäden**

c) Ernteausfälle durch Trockenheit

2. **Folgen für die Umwelt**

a) Häufigere und stärkere Wetterextreme

b) **Zerstörung von Ökosystemen**

c) Anstieg des Meeresspiegels

3. Folgen für den Menschen

a) **Steigende Gesundheitsgefahr durch Hitze**

b) **Bedrohung durch Überschwemmungen**

c) **Steigendes Risiko durch Infektionskrankheiten**

d) **Nahrungsmittelknappheit durch Dürren**

II. Maßnahmen zur Eindämmung des Klimawandels

1. **Vonseiten der Politik**

a) Internationale Gesetze zum Klimaschutz

b) Nationale Maßnahmen zur Einsparung von Treibhausgasen

2. Vonseiten der Industrie und der Stromerzeuger

a) **Entwicklung CO_2-freier neuer Technologien**

b) **Einsatz erneuerbarer Energien**

3. **Vonseiten jedes Einzelnen**

a) **Wechsel des Energieanbieters**

b) **Sparsamer Umgang mit Strom**

c) Kauf sparsamer Geräte mit einer hohen Energieeffizienzklasse
d) Bewusste Wahl des Verkehrsmittels beim Verreisen
e) Vermeidung des Autos zugunsten öffentlicher Verkehrsmittel

C. Der größte kurzfristige Einsparungseffekt entsteht, wenn alle Menschen jede überflüssige CO_2-Emission vermeiden/Größter kurzfristiger Einsparungseffekt durch Vermeidung überflüssiger CO_2-Emission

Übung 25

1. 1. Absatz: **Umfrage**
   2. Absatz: **Rückblick**
   3. Absatz: **Ergebnisse von Forschungen**

2. Unter dem Begriff „Klimawandel" versteht man die Erwärmung der Erdatmosphäre, die vor allem durch vom Menschen verursachte Treibhausgase hervorgerufen wird (vgl. Material 1). Darüber sind sich Klimaforscher einig. Dennoch ist die Diskussion um den Klimawandel in aller Munde. Auch wenn drei von vier Deutschen diese Tatsache für in der Wissenschaft umstritten halten, lohnt es sich nicht, über seine Existenz zu diskutieren, da diese nachweisbar ist (vgl. Material 9). Vielmehr stellen sich in diesem Zuge die Fragen, welche Folgen der Klimawandel mit sich bringt und welche Maßnahmen ergriffen werden müssen, um ihm entgegenzuwirken.

Übung 26

1. *Auf folgende Weise könntest du die Behauptungen (blau), Begründungen (gelb), Beispiele (grün) und Abrundungen (schwarz) unterstrichen haben:*

   a) Zum aktiven Klimaschutz gehört auch die Vermeidung des Autos. Der Autoverkehr hat einen großen Anteil am Ausstoß von Treibhausgasen (vgl. Material 3). Deshalb ist es unabdingbar, dass man sich genau überlegt, wann die Nutzung des Autos überhaupt nötig ist. Soweit vorhanden, bieten sich öffentliche Verkehrsmittel als Alternative an oder für kürzere Strecken kann jeder auf das Fahrrad umsteigen. Hierbei entsteht noch ein weiterer positiver Nebeneffekt, da Bewegung an der frischen Luft gesundheitsfördernd ist.

b) Auch bei der Planung und Durchführung eines Urlaubs lässt sich klimabewusst planen. Das Flugzeug ist vor allem auf Kurz- und Mittelstrecken kein umweltschonendes Verkehrsmittel, da der CO_2-Ausstoß sehr hoch ist (vgl. Material 3). Statt einer Flugreise stellt beispielsweise die Bahn für einen Urlaub in Deutschland eine gute Alternative dar, da sie auch wesentlich umweltfreundlicher als das eigene Auto ist.

2. Abrundung: Im Vergleich zu einer Fahrt mit dem Auto über verstopfte Fernstraßen ist diese Art des Verreisens auch noch weitaus stressärmer. Daher lohnt sich der Umstieg vom Auto auf die Bahn nicht nur für die Umwelt, sondern auch für jeden Einzelnen.

3.

4	Auch die Erhöhung der Deiche hätte ihre natürlichen und finanziellen Grenzen.
2	Wissenschaftler sagen voraus, dass Inseln, die weniger als 7 Meter über dem Meeresspiegel liegen, für immer im Meer verschwinden werden.
1	Durch die Erwärmung der Erdatmosphäre kommt es zum Abschmelzen des Grönlandeises und der Polkappen. Die freigesetzten Wassermassen erhöhen den Meeresspiegel.
3	Dadurch wären auch deutsche Küstengebiete und Inseln wie z. B. Sylt vom Anstieg des Meeresspiegels betroffen und somit gefährdet (vgl. Material 6 und 8).

4.
- ☐ Die CO2-Emission ist in Deutschland seit 1990 um mehr als das Dreieinhalbfache angestiegen (vgl. Material 4).
- ☒ Die unwetterartigen Stürme und die Hochwasserkatastrophen der letzten Jahre in Deutschland, z. B. die Elbeflut 2002, sind laut Wissenschaft auf den Klimawandel zurückzuführen (vgl. Material 6).
- ☐ „Nach Schätzungen des Berichts sind allein durch klimabedingte Wetterextreme seit 1980 im europäischen Wirtschaftsraum zusätzliche Kosten von mehr als 400 Milliarden Euro entstanden", wie es in Material 2 heißt.
- ☐ Laut Experten würde bereits ein Anstieg der Durchschnittstemperatur von 2 °C zu Jahrhundertfluten, Wirbelstürmen oder Dürrekatastrophen führen (vgl. Material 1).

Übung 27

1. M 1: Prognosen für einen Temperaturanstieg um 6,5 °C bis zum Jahr 2100
   M 2: Anstieg der Schäden; zunehmende Infektionsgefahr; Folgen immer größerer Hitzewellen
   M 4: Hoher Pro-Kopf-Ausstoß an CO_2 als Chance, dass das Verhalten des Einzelnen in der Summe große Einsparungen erzielen kann (Ausblick)
   M 6: Gravierende Folgen des Klimawandels als Ausblick in die Zukunft, falls keine Trendwende geschafft wird
   M 7: Beschreibung der Klimaziele Deutschlands bis zum Jahr 2050
   M 8: Karikaturinhalt als eher düsterer Ausblick in die Zukunft

2. a) Verpflichtung aller Staaten, die Klimaziele einzuhalten; möglichst rascher vollständiger Umstieg auf erneuerbare Energien
   b) Gemeinsames Handeln aller ist vor dem Hintergrund der Folgen notwendig; Einsparungsmöglichkeiten des Einzelnen können in der Summe aller Menschen in den Industrieländern eine enorme Reduzierung des Ausstoßes von Treibhausgasen bewirken
   c) Verbot von Verbrennungsmotoren
   d) Auswirkungen des Klimawandels führen evtl. zu Klimaflüchtlingen; Hoffnung auf Einsicht der Menschen und Gelingen der Klimaschutzziele

3. Führt man sich die schwerwiegenden Folgen des Klimawandels für die Wirtschaft, den Menschen sowie die gesamte Umwelt vor Augen, wird deutlich, dass dringender Handlungsbedarf besteht. Auf lange Sicht liegt die Hauptverantwortung bei der Politik, der Industrie und den Stromerzeugern. Diese haben es in der Hand, sowohl die gesetzliche als auch die technische Grundlage dafür zu schaffen, dass dem Klimawandel weltweit entgegengewirkt wird. Aber auch jeder Einzelne kann etwas dazu beitragen. Der größte kurzfristige Einsparungseffekt entstünde, wenn die Menschen jede überflüssige CO_2-Emission vermeiden würden (vgl. Material 3). Würden alle darauf achten, ihre persönliche CO_2-Bilanz zu verbessern, wären in der Summe schnell große Einsparungen zu erzielen.

Übung 28

individuelle Bewertung des Aufsatzes; siehe auch Lösungsvorschläge zu Teil B, Übungsaufgaben 1 und 2

Textgebundener Aufsatz zu einem Sachtext

Übung 29

Einleitung	Textsorte und Titel, Name des Autors, Thema des Textes, Information über die Quelle
Hauptteil Texterschließung	Zusammenfassung des Inhalts, Beschreibung der Sprache, Begründung der Textsorte, Absicht des Autors, Wirkung des Textes
weiterführende Aufgabe	kreative Aufgabe, argumentative Aufgabe
Schluss	Verfassen eines Fazits

Übung 30

Hinweis: *Hier siehst du, wie eine vollständige Gliederung aussehen könnte. Die kursiv gesetzten Teile ergänzt du erst im Laufe deiner Arbeit am Text.*

A. *Der Kommentar setzt sich mit dem Problem des Insektensterbens auseinander*

B. Auseinandersetzung mit dem Text „Unheil im Anflug – für uns alle“ und weiterführende Aufgabe

1 Texterschließung

1.1 Zusammenfassung des Textinhalts unter Berücksichtigung des inneren Aufbaus

1.2 Beschreibung der sprachlichen Besonderheiten und deren Wirkung

1.2.1 Wortwahl

1.2.2 Stilmittel

1.2.3 Satzbau

1.3 Begründete Zuordnung des Textes zur Textsorte „Kommentar“

1.4 Erläuterung der Autorenabsicht

2 Weiterführende Aufgabe: Stellungnahme zur Frage „Stellt der Verfasser die mit dem Insektensterben verbundenen Gefahren übertrieben dar?“

<u>oder</u>

Weiterführende Aufgabe: Persönlicher Brief an eine Hummel

C. *Der Kommentar soll uns wachrütteln und uns klar machen, dass wir unseren Lebensraum wieder „insektenfreundlicher“ gestalten müssen, da wir sonst auf lange Sicht unsere Lebensgrundlage zerstören*

Übung 31

1. Textsorte – Titel – Quelle – Name des Verfassers – Thema
2. Um die Erfolge eines Entwicklungshelfers bei der Wiederaufforstung einer brachliegenden Fläche in Äthiopien in Afrika geht es in Johannes Dieterichs Reportage „Der Waldmacher in Afrika“, die am 5. 5. 2016 in der „Frankfurter Rundschau“ erschienen ist.
3.

Basisinformationen	
Textsorte	Kommentar
Titel	„Unheil im Anflug – für uns alle“
Autor	Sascha Karberg
Quelle	„Tagesspiegel“ vom 21. 10. 2017
Thema (Kerninhalt)	Insektensterben

4. a) „Unheil im Anflug – für uns alle“ – so lautet der Titel eines Kommentars von Sascha Karberg, der am 21. 10. 2017 im „Tagesspiegel“ erschienen ist. Der Verfasser setzt sich darin mit dem Insektensterben auseinander.
   b) Anlass ist eine Studie, die gezeigt hat, dass das Insektensterben in den letzten Jahrzehnten erschreckend zugenommen hat.
   c) *siehe Aufgaben 4 a und b*

Übung 32

1.

A	**B**	**Zusammenhang: Der zweite Satz nennt …**
Früher musste man auf Urlaubsfahrten regelmäßig die Windschutzscheibe säubern.	Viele Insekten klebten daran.	einen Grund
Heute braucht man die Windschutzscheibe nur noch selten zu reinigen.	Es fliegen kaum noch Insekten dagegen.	einen Grund

Es kann zum Zusammenbruch ganzer Ökosysteme kommen.	Das Insektensterben wird nicht gestoppt.	eine Bedingung
Die Gründe für das Insektensterben sind noch nicht geklärt.	Es fehlen nach wie vor ausreichende Daten.	einen Grund
Es muss unbedingt etwas gegen das Insektensterben unternommen werden.	Es könnte zu einer Katastrophe kommen.	eine Folge

2. - Früher musste man auf Urlaubsfahrten regelmäßig die Windschutzscheibe säubern, **weil** viele Insekten daran klebten.
   - Heute braucht man die Windschutzscheibe nur noch selten zu reinigen, **denn** es fliegen kaum noch Insekten dagegen.
   - **Wenn** das Insektensterben nicht gestoppt wird, kann es zum Zusammenbruch ganzer Ökosysteme kommen.
   - **Da** nach wie vor ausreichende Daten fehlen, sind die Gründe für das Insektensterben noch nicht geklärt.
   - Es muss unbedingt etwas gegen das Insektensterben unternommen werden, **um zu verhindern, dass** es zu einer Katastrophe kommt.

Übung 33

1.

Sinnabschnitt	von Z. … bis Z. …	Inhalt
1	Z. 1–11	Bestätigung eigener Beobachtungen zum Insektensterben anhand der Ergebnisse einer Studie
2	Z. 12–26	besorgniserregende Studienergebnisse
3	Z. 27–52	Ursachen des Insektensterbens noch unklar
4	Z. 53–59	Kenntnis der Ursachen zur Einleitung von geeigneten Maßnahmen ist wichtig
5	Z. 60–84	Handeln im Sinne von Vorsorge dringend nötig
6	Z. 85–96	Appell an die Leser: durch faire Preise Landwirten eine nachhaltige Nahrungsmittelproduktion ermöglichen

2. a) bis c)

Der Kommentar lässt sich in sechs Sinnabschnitte untergliedern: Im ersten Abschnitt (Z. 1–11) vergleicht der Verfasser seine eigenen Beobachtungen mit den Ergebnissen einer Studie: Früher war die Windschutzscheibe eines Autos immer voller Insekten, was heute nicht mehr der Fall ist. Seine persönlichen Erinnerungen sieht er als Bestätigung der Studie an.

Im nächsten Abschnitt (Z. 12–26) äußert Sascha Karberg seine Sorge über diese Entwicklung. Er weist darauf hin, dass Insekten als Bestäuber von Nutzpflanzen für uns unverzichtbar seien.

Im dritten Sinnabschnitt (Z. 27–52) erklärt er ausdrücklich, dass die Gründe für das Insektensterben bisher nicht geklärt seien. Er hält es deshalb für falsch, den Landwirten für den hohen Einsatz von Düngemitteln und Pestiziden die alleinige Schuld zuzuschieben. Auch der Klimawandel könne zum Insektensterben beigetragen haben.

Es sei zwar wichtig, die genauen Ursachen zu kennen, wie der Verfasser im vierten Abschnitt (Z. 53–59) erklärt, denn nur so könnten geeignete Gegenmaßnahmen ergriffen werden.

Allerdings meint er unmittelbar danach (Z. 60–84), wir könnten nicht darauf warten, bis auf der Grundlage ausreichender Daten gesicherte Ergebnisse vorlägen. Im Sinne der Vorsorge müsse sofort gehandelt werden – und zwar von jedem.

Der Verfasser beschließt seinen Kommentar mit einem Appell an die Leser: Im sechsten Sinnabschnitt (Z. 85–96) fordert er sie auf, den Landwirten faire Preise für ihre Produkte zu zahlen, um ihnen so eine nachhaltige Lebensmittelproduktion zu ermöglichen.

Übung 34

1. **Adjektive**

	positiv	negativ
massenhaft (Untertitel)	☐	☒
frei (Z. 5)	☒	☐
lästig (Z. 13)	☐	☒
unverzichtbar (Z. 15)	☒	☐
beunruhigend (Z. 29)	☐	☒

Nomen	positiv	negativ
Sorge (Z. 12)	☐	☒
Nahrungsquelle (Z. 18)	☒	☐
Hungersnöte (Z. 90)	☐	☒
Zusammenbruch (Z. 25)	☐	☒
Massensterben (Z. 78)	☐	☒

Verben	positiv	negativ
sterben (Untertitel)	☐	☒
kleben (Z. 2)	☐	☒
bestäuben (Z. 20)	☒	☐
verschwinden (Z. 22 f.)	☐	☒
fehlen (Z. 46)	☐	☒

2. Die verwendeten Wörter deuten an, dass es ein Problem gibt, das dringend angegangen werden muss. Das zeigen insbesondere die Verben: Da ist u. a. von „sterben“ (Untertitel), „verschwinden“ (Z. 22 f.) und „fehlen“ (Z. 46) die Rede. Auch mehrere Nomen weisen darauf hin, dass eine Katastrophe bevorstehen könnte, z. B. „Massensterben“ (Z. 78), „Hungersnöte“ (Z. 90) und „Zusammenbruch“ (Z. 25). Die Adjektive wirken vom Sinn her eher zwiespältig. Der Verfasser sagt, dass Insekten von den Menschen einerseits oft als „lästig“ (Z. 13) empfunden würden; zugleich erklärt er aber, dass sie für unser Ökosystem notwendig seien („unverzichtbar“, Z. 15).

Übung 35

1. Der Text entspricht vom Sprachstil her …

   ☒ der Standardsprache.

2. *Begründung:* Es gibt zwar auch einige Fachbegriffe, z. B. „Ökosysteme“ (vgl. Z. 16) oder „Pestizide“ (Z. 35). Diese Begriffe haben viele Leser aber sicher schon öfter gehört, denn sie tauchen in Nachrichtentexten regelmäßig auf, z. B. wenn es heißt, dass eine Umweltorganisation wieder einen Skandal aufgedeckt hat. Die Anzahl der Fachbegriffe, die der Verfasser verwendet,

ist begrenzt. Das zeigt, dass er sich an ein breites Publikum wendet, das nicht über Fachkenntnisse verfügen muss, um seinen Text verstehen zu können.

Übung 36

1. a) „zu Dutzenden“ (Z. 2): **Hyperbel**
   b) „von den fliegenden Sechsbeinern“ (Z. 19 f.): **Metonymie**
   c) „auf der Hand liegen“ (Z. 32): **Metapher**
   d) „Nur wer sie kennt, kann wirklich wirkungsvolle Maßnahmen ergreifen. Nur zu glauben, sie zu kennen, hilft nicht. [...] Nur zu warten, bis Forscher bessere Ergebnisse vorlegen, kann angesichts der Dynamik des Insektensterbens auch nicht der richtige Weg sein“ (Z. 54–64): **Anapher**
   e) „Produzenten unseres täglichen Brotes“ (Z. 71): **Metonymie**
   f) „Raubbau an der Natur“ (Z. 83): **Metapher**
   g) „Preis“ (Z. 87): **Metapher**
   h) „[...] erst den Spielraum und dann die Spielregeln [...]“ (Z. 93 f.): **Sprachspiel durch Wiederholung**

2. a) Eine Kettenreaktion liegt vor, wenn ein Ereignis allein dadurch, dass es stattfindet, immer weitere Ereignisse nach sich zieht. Ein vergleichsweise geringer Anlass kann damit unerwartet große Folgen haben.
   b) Der Autor meint, dass das Verschwinden der Insekten schlimme Folgen haben kann: Es kann dazu führen, dass keine Nutzpflanzen mehr bestäubt werden. Dadurch können Gemüse und Früchte nicht mehr wachsen. Das kann wiederum dazu führen, dass es zu Hungersnöten kommt und die Vögel aussterben, die sich ebenfalls von Früchten ernähren.

3. a) Gemeint ist, dass das Insektensterben eine Bedrohung für die Menschen ist. Im Gegensatz zu den Insekten, die verschwinden, kommt das „Unheil“, das uns durch ihr Verschwinden droht, immer näher. Dieses Näherkommen wird bildhaft so beschrieben, als habe es Flügel, denn es ist „im Anflug“.

b) Das Bild vom „Unheil“, das „im Anflug“ ist, kann keine Personifikation sein, weil diese Art des Näherkommens nicht zu Menschen passt, denn Menschen können nicht fliegen.

Übung 37

1. ☒ Nein, die Textstelle ist nicht ironisch gemeint.

   Begründung: Der Verfasser meint das, was er sagt, ernst: Manchmal stören uns Insekten eben, auch wenn wir wissen, dass sie nützlich sind. Über Menschen, die sich darüber ärgern, wenn ihnen eine Mücke in die Cola fliegt, macht er sich nicht lustig.

2. *individuelle Schülerlösung*

Übung 38

1. a) Satzreihe
   b) Satzgefüge
   c) Satzreihe

2. a) ☒ Satzgefüge
   b) An einigen Stellen weicht der Satzbau von der üblichen Struktur ab, um die darin enthaltenen *wichtigen Informationen*/~~*Zusatzinformationen*~~ hervorzuheben und *besonders knapp und einprägsam*/~~*besonders detailliert*~~ darzustellen.

3. Entweder in Form zusammenbrechender Ökosysteme und anschließender Hungersnöte. (Z. 88–90)

   Hinweis: *Hier fehlt das Verb.*

4. Der Satzbau wirkt eher …

   ☒ lebendig.

   Begründung: Der Satzbau wechselt zwischendurch immer wieder ab. Nach einem einfachen Hauptsatz folgen oft zwei oder drei Satzgefüge, dann wird ein Absatz evtl. durch einen einfachen Hauptsatz abgerundet.

Übung 39

1. Wortwahl, Stilmittel, Satzbau *(vgl. Übung 30)*

2. Dass das Insektensterben bedrohliche Ausmaße angenommen hat, zeigt der Verfasser auch mit seiner Sprache. Darauf deutet schon die Überschrift hin: Das Bild vom „Unheil", das „im Anflug" sei, erweckt den Eindruck, dass hier eine Bedrohung unbemerkt näher kommt. Auch die Wortwahl zeigt das, z. B. die Verben: Von den Insekten heißt es, sie würden „sterben" (Untertitel) und uns irgendwann „[f]ehlen" (Z. 22). Die Nomen kündigen eine bedrohliche Situation an („Massensterben", Z. 78, „Zusammenbruch ganzer Ökosysteme", Z. 25 f., „Hungersnöte", Z. 90). Dagegen wirken die Adjektive insgesamt eher zwiespältig. Dem Autor ist klar, dass Insekten von vielen Menschen als „lästig" (Z. 13) empfunden werden; umso eindringlicher betont er, wie „unverzichtbar" (Z. 15) sie sind, und findet das Insektensterben höchst „[b]eunruhigend" (Z. 29).
Für den Verfasser sind alle Menschen schuld an der Misere, auch die Verbraucher mit ihrem „Griff nach dem billigeren Brot und dem billigeren Schnitzel" (Z. 81 ff.). Mit dem Komparativ „billiger" drückt er aus, dass Landwirte unter einem enormen Druck stehen: Obwohl Lebensmittel schon immer günstig waren, müssen sie versuchen, den Preis weiter zu senken. Mit der Metapher „Raubbau an der Natur" (Z. 83) verdeutlicht Karberg, dass die Verbraucher mit ihrem Blick auf billige Preise die Natur ausrauben wie Verbrecher. Seiner Meinung nach müssen wir überlegen, welchen „Preis" (Z. 87) wir für eine „gesunde Natur" (Z. 87 f.) zahlen wollen. Das Wort „Preis" hat hier einen doppelten Sinn: Gemeint ist zum einen das Geld, das wir bereit sind, für Lebensmittel zu zahlen – zum anderen die Bedrohung, die folgen könnte: der „Zusammenbruch ganzer Ökosysteme" (Z. 25 f.) und nachfolgende „Hungersnöte" (Z. 90).
Der Satzbau des Textes wirkt lebendig, da der Verfasser immer wieder zwischen Satzgefügen, Satzreihen und auch einfachen Hauptsätzen abwechselt. An einigen Stellen weicht der Satzbau von der üblichen Struktur ab, z. B. „Fehlen Insekten, verschwinden unweigerlich auch andere Arten (Z. 22–24). Indem der Autor die darin enthaltenen wichtigen Informationen so knapp und einprägsam formuliert, hebt er sie stärker hervor.

Übung 40

1. • Der Bericht informiert über aktuelle Nachrichten, die Reportage widmet sich einem grundsätzlichen Thema, das die Menschen schon länger beschäftigt (oder beschäftigen sollte).
   • Der Bericht ist in der Regel im Präteritum verfasst, die Reportage enthält dagegen auch Abschnitte im Präsens.
   • Der Bericht nennt vor allem wesentliche Fakten, die Reportage beschreibt auch Einzelheiten, z. B. Personen und ihr Umfeld.
   • Der Bericht dient vor allem der Information, die Reportage will auch unterhalten.

2. • *Übereinstimmung:* Sowohl in einem Kommentar als auch in einer Glosse äußert der Verfasser seine Meinung zu einem aktuellen Umstand oder Trend. In der Regel übt er in beiden Textsorten Kritik an etwas.
   • *Wesentlicher Unterschied:* Der Kommentar ist sachlich und ernsthaft verfasst; dagegen ist die Glosse humorvoll und spöttisch.

3. a) bis c)
   Es handelt sich bei dem Text eindeutig um einen Kommentar. Das ist schon daran zu erkennen, dass der Name des Verfassers angegeben ist, um zu verdeutlichen, dass der Text aus einer subjektiven Perspektive verfasst wurde. Wie es für einen Kommentar typisch ist, bezieht sich der Autor auf eine aktuelle Entwicklung, nämlich das Insektensterben. Anlass sind für ihn die Ergebnisse einer Studie zu diesem Thema (vgl. Z. 8–11). Karberg zeigt deutlich, dass er diese Entwicklung für bedrohlich hält. Zur Begründung führt er mehrere sachliche Argumente an. Ebenfalls kennzeichnend für diese Textsorte ist der Schluss, indem der Autor eine deutliche Warnung ausspricht und einen Appell an seine Leser richtet: Sie sollen künftig bereit sein, mehr Geld für Lebensmittel zu bezahlen, um die Natur zu schützen. Die Darstellung ist also keinesfalls neutral, denn der Verfasser bringt deutlich seine Meinung zu den Studienergebnissen zum Ausdruck. Das ist typisch für einen Kommentar (vgl. Z. 85–96).

Übung 41

1. *Grafik siehe Seite 35*

DER TAGESSPIEGEL

Insektensterben in Deutschland ← Dachzeile

Unheil im Anflug – für uns alle ← Headline (Schlagzeile)

Insekten sterben massenhaft. Sollte der Grund unsere landwirtschaftliche Praxis sein, dann tragen auch wir Verbraucher eine Mitschuld. ← Untertitel

Ein Kommentar. Von Sascha Karberg

Spaltensatz

Auf jeder Fahrt in den Sommerurlaub klebten sie zu Dutzenden auf der Windschutzscheibe unseres Opel Kadett. Heute, 40 Jahre später, bleibt die Sicht erstaunlich oft frei. Um 76 Prozent ist die Biomasse an Fluginsekten zwischen 1989 und 2016 in Nord- und Nordwestdeutschland zurückgegangen. Das ist das Ergebnis einer Studie, die britische, holländische und deutsche Forscher veröffentlicht haben.

Es besteht also Grund zur Sorge. Denn so lästig Insekten in der Cola oder auf der Windschutzscheibe sein mögen, so zentral und unverzichtbar ist ihre Rolle in den Ökosystemen. Über die Hälfte aller Vögel ist auf Fluginsekten als Nahrungsquelle angewiesen, 80 Prozent aller Pflanzen werden von den fliegenden Sechsbeinern bestäubt – auch Nutzpflanzen, die Grundlage unserer Ernährung. Fehlen Insekten, verschwinden unweigerlich auch andere Arten. Am Ende dieser Kettenreaktion könnte der Zusammenbruch ganzer Ökosysteme stehen.

Zwischenüberschrift (Fettdruck) →

Ob es auch am Klimawandel liegt, ist noch unklar

Beunruhigend ist das vor allem deshalb, weil die Ursachen für den Rückgang der Insekten alles andere als klar auf der Hand liegen – auch wenn zuletzt reflexartige Schuldzuweisungen an die Landwirte die Regel waren. Sie seien es, die nicht nur Pestizide über die Felder sprühen, sondern auch noch die letzten Hecken und Rückzugsgebiete für Insekten am Feldrand, auf Brachland oder Wiesen umpflügen.

Doch das ist Ideologie, kein Wissen: Die Studie – die übrigens die Insektenmengen in 63 Naturschutzgebieten, nicht in extensiv landwirtschaftlich genutzten Gebieten gemessen hat – gibt solche Schlussfolgerungen nicht her. Den Forschern fehlen schlicht noch Daten, um zu belegen, ob veränderte Land-, Insektizid- und Düngemittelnutzung die Ursache des Insektensterbens ist oder ob andere Faktoren eine wichtige Rolle spielen – etwa die Klimaerwärmung.

Die Suche nach den Ursachen ist dabei kein Selbstzweck. Nur wer sie kennt, kann wirklich wirkungsvolle Maßnahmen ergreifen. Nur zu glauben, sie zu kennen, hilft nicht. Es könnte sogar zu falschen, der Umwelt zusätzlich schadenden Maßnahmen führen.

Andererseits: Nur zu warten, bis Forscher bessere Ergebnisse vorlegen, kann angesichts der Dynamik des Insektensterbens auch nicht der richtige Weg sein. Die Gesellschaft und ihre staatlichen Institutionen müssen nach dem Vorsorgeprinzip handeln. Vorsorge bedeutet aber nicht gutgläubiges Reglementieren vermeintlich „Schuldiger". Was immer wir jetzt tun, wir Konsumenten, wir Städter, schulden den Produzenten unseres täglichen Brotes Respekt.

Raubbau an der Natur durch Griff zu billigen Produkten ← Zwischenüberschrift (Fettdruck)

Absätze

Denn selbst wenn sich herausstellt, dass die jahrzehntelange landwirtschaftliche Praxis ein Hauptverursacher des Massensterbens der Insekten ist, dann tragen nicht allein Landwirte, sondern wir alle die (Mit-)Schuld, die wir mit unserem steten Griff nach dem billigeren Brot und dem billigeren Schnitzel den Raubbau an der Natur mit vorangetrieben haben.

Nicht allein „die Bauern", sondern wir alle müssen uns Gedanken darüber machen, welchen Preis wir für eine gesunde Natur zahlen wollen: entweder in Form zusammenbrechender Ökosysteme und anschließender Hungersnöte. Oder wir entschließen uns endlich, Landwirten durch faire Mindestpreise für landwirtschaftliche Erzeugnisse erst den Spielraum und dann die Spielregeln für eine nachhaltige Nahrungsmittelproduktion zu geben.

Kursivdruck →

Quelle: Sascha Karberg: Insektensterben in Deutschland, Unheil im Anflug – für uns alle, erschienen in „Der Tagesspiegel" vom 21.10. 2017. Im Internet unter: http://www. tagesspiegel.de/wissen/insektensterben-in-deutschland-unheil-im-anflug-fuer-uns-alle/20486142.html

2. Es kann sein, dass viele Leser den Text gar nicht zu Ende lesen würden, weil die Fülle an Text, die an keiner Stelle unterbrochen wird, auf sie eher abschreckend wirken würde. Mithilfe der Gestaltungsmittel werden sie dagegen immer wieder zum Lesen verlockt. Dadurch wird ihnen der Text in Abschnitten serviert – und das könnte sie dazu verleiten, immer noch ein Stückchen weiterzulesen, im besten Fall bis zum Schluss des Textes.

Übung 42

1. Der Autor will ...
   - den Leser darauf **aufmerksam machen**, dass man zu einem bestimmten Thema eine Meinung vertreten kann, die er bisher vielleicht noch nicht bedacht hat. **D**
   - den Leser dazu **anregen**, sich mit seiner Meinung **auseinanderzusetzen**. **D**
   - beim Leser **Gefühle wecken**, z. B. das Gefühl des Mitleids oder der Empörung. **D**
   - den Leser **dazu bewegen, seine Meinung zu ändern**. **D**
   - den Leser **dazu bringen, sich der Meinung des Autors anzuschließen**. **D**
   - den Leser darum **bitten, diese Meinung** in seinem Umfeld **zu verbreiten**. **V**
   - an den Leser **appellieren, sein Verhalten zu ändern**. **V**

2. „Nicht allein ‚die Bauern', sondern wir alle müssen uns Gedanken darüber machen, welchen Preis wir für eine gesunde Natur zahlen wollen: [...]" (Z. 85–88)

3. Mit seinem Kommentar will der Verfasser die Leser wachrütteln. Er möchte sie dazu bewegen, ihr Verhalten – genauer: ihr Konsumverhalten – zu ändern. Künftig sollen sie beim Einkauf von Lebensmitteln nicht mehr auf den billigsten Preis achten, sondern den Bauern „faire Mindestpreise" (Z. 92) zahlen. Um seine Leser von seiner Meinung zu überzeugen, stellt der Autor die drohenden Gefahren beinahe übertrieben dar, denn er warnt vor dem „Zusammenbruch ganzer Ökosysteme" (Z. 25 f.) und erklärt, dass nachfolgend für die Menschheit „Hungersnöte" (Z. 90) drohen würden.

So sieht der Lösungstext aus, wenn alle Textteile zusammengefügt sind:

Einleitung

„Unheil im Anflug – für uns alle“ – so lautet der Titel eines Kommentars von Sascha Karberg, der am 21. 10. 2017 im „Tagesspiegel“ erschienen ist. Der Verfasser setzt sich darin mit dem Insektensterben auseinander. Anlass ist eine Studie, die gezeigt hat, dass das Insektensterben in den letzten Jahrzehnten erschreckend zugenommen hat.

Inhaltszusammenfassung und innerer Aufbau

Der Kommentar lässt sich in sechs Sinnabschnitte untergliedern: Im ersten Abschnitt (Z. 1–11) vergleicht der Verfasser seine eigenen Beobachtungen mit den Ergebnissen einer Studie: Früher war die Windschutzscheibe eines Autos immer voller Insekten, was heute nicht mehr der Fall ist. Seine persönlichen Erinnerungen sieht er als Bestätigung der Studie an.

Im nächsten Abschnitt (Z. 12–26) äußert Sascha Karberg seine Sorge über diese Entwicklung. Er weist darauf hin, dass Insekten als Bestäuber von Nutzpflanzen für uns unverzichtbar seien.

Im dritten Sinnabschnitt (Z. 27–52) erklärt er ausdrücklich, dass die Gründe für das Insektensterben bisher nicht geklärt seien. Er hält es deshalb für falsch, den Landwirten für den hohen Einsatz von Düngemitteln und Pestiziden die alleinige Schuld zuzuschieben. Auch der Klimawandel könne zum Insektensterben beigetragen haben.

Es sei zwar wichtig, die genauen Ursachen zu kennen, wie der Verfasser im vierten Abschnitt (Z. 53–59) erklärt, denn nur so könnten geeignete Gegenmaßnahmen ergriffen werden.

Allerdings meint er unmittelbar danach (Z. 60–84), wir könnten nicht darauf warten, bis auf der Grundlage ausreichender Daten gesicherte Ergebnisse vorlägen. Im Sinne der Vorsorge müsse sofort gehandelt werden – und zwar von jedem.

Der Verfasser beschließt seinen Kommentar mit einem Appell an die Leser: Im sechsten Sinnabschnitt (Z. 85–96) fordert er sie auf, den Landwirten faire Preise für ihre Produkte zu zahlen, um ihnen so eine nachhaltige Lebensmittelproduktion zu ermöglichen.

Sprachliche Gestaltung

Dass das Insektensterben bedrohliche Ausmaße angenommen hat, zeigt der Verfasser auch mit seiner Sprache. Darauf deutet schon die Überschrift hin: Das Bild vom „Unheil“, das „im Anflug“ sei, erweckt den Eindruck, dass hier eine

Bedrohung unbemerkt näher kommt. Auch die Wortwahl zeigt das, z. B. die Verben: Von den Insekten heißt es, sie würden „sterben“ (Untertitel) und uns irgendwann „[f]ehlen“ (Z. 22). Die Nomen kündigen eine bedrohliche Situation an („Massensterben“, Z. 78, „Zusammenbruch ganzer Ökosysteme“, Z. 25 f., „Hungersnöte“, Z. 90). Dagegen wirken die Adjektive insgesamt eher zwiespältig. Dem Autor ist klar, dass Insekten von vielen Menschen als „lästig“ (Z. 13) empfunden werden; umso eindringlicher betont er, wie „unverzichtbar“ (Z. 15) sie sind, und findet das Insektensterben sehr „[b]eunruhigend“ (Z. 29). Für den Verfasser sind alle Menschen schuld an der Misere, auch die Verbraucher mit ihrem „Griff nach dem billigeren Brot und dem billigeren Schnitzel“ (Z. 81 ff.). Mit dem Komparativ „billiger“ drückt er aus, dass Landwirte unter einem enormen Druck stehen: Obwohl Lebensmittel schon immer günstig waren, müssen sie versuchen, den Preis weiter zu senken. Mit der Metapher „Raubbau an der Natur“ (Z. 83) verdeutlicht Karberg, dass die Verbraucher mit ihrem Blick auf billige Preise die Natur ausrauben wie Verbrecher. Seiner Meinung nach müssen wir überlegen, welchen „Preis“ (Z. 87) wir für eine „gesunde Natur“ (Z. 87 f.) zahlen wollen. Das Wort „Preis“ hat hier einen doppelten Sinn: Gemeint ist zum einen das Geld, das wir bereit sind, für Lebensmittel zu zahlen – zum anderen die Bedrohung, die folgen könnte: der „Zusammenbruch ganzer Ökosysteme“ (Z. 25 f.) und nachfolgende „Hungersnöte“ (Z. 90).

Textsortenbestimmung
Es handelt sich bei dem Text eindeutig um einen Kommentar. Das ist schon daran zu erkennen, dass der Name des Verfassers angegeben ist, um zu verdeutlichen, dass der Text aus einer subjektiven Perspektive verfasst wurde. Wie es für einen Kommentar typisch ist, bezieht sich der Autor auf eine aktuelle Entwicklung, nämlich das Insektensterben. Anlass sind für ihn die Ergebnisse einer Studie zu diesem Thema (vgl. Z. 8–11). Karberg zeigt deutlich, dass er diese Entwicklung für bedrohlich hält. Zur Begründung führt er mehrere sachliche Argumente an. Ebenfalls kennzeichnend für diese Textsorte ist der Schluss, indem der Autor eine deutliche Warnung ausspricht und einen Appell an seine Leser richtet: Sie sollen künftig bereit sein, mehr Geld für Lebensmittel zu bezahlen, um die Natur zu schützen. Die Darstellung ist also keinesfalls neutral, denn der Verfasser bringt deutlich seine Meinung zu den Studienergebnissen zum Ausdruck. Das ist typisch für einen Kommentar (vgl. Z. 85–96).

Absicht des Autors

Mit seinem Kommentar will der Verfasser die Leser wachrütteln. Er will sie dazu bewegen, ihr Verhalten – genauer: ihr Konsumverhalten – zu ändern. Künftig sollen sie beim Einkauf von Lebensmitteln nicht mehr auf den billigsten Preis achten, sondern den Bauern „faire Mindestpreise" (Z. 92) zahlen. Um die Leser von seiner Meinung zu überzeugen, stellt der Autor die drohenden Gefahren beinahe übertrieben dar, denn er warnt vor dem „Zusammenbruch ganzer Ökosysteme" (Z. 25 f.) und erklärt, dass nachfolgend für die Menschen „Hungersnöte" (Z. 90) drohen würden.

Textgebundener Aufsatz zu einem literarischen Text

Übung 43

Hinweis: *Hier siehst du, wie eine vollständige Gliederung aussehen könnte. Die kursiv gesetzten Teile ergänzt du erst im Laufe deiner Arbeit am Text.*

A. *In dieser Kurzgeschichte geht es um zwei junge Männer, die aus dem Krieg heimgekehrt sind und ihre Kriegserlebnisse ganz unterschiedlich deuten*

B. Auseinandersetzung mit dem Text „Vielleicht hat sie ein rosa Hemd“ und weiterführende Aufgabe

   I. Texterschließung

      1. Zusammenfassung des Textinhalts
      2. Wesentliche sprachliche Mittel und deren Wirkung
         a) *Erzählperspektive*
         b) *Redewiedergabe*
         c) *Wortwahl*
         d) *Satzbau*
      3. Charakterisierung Timms und Darstellung der Unterschiede zwischen ihm und seinem Freund
      4. Begründete Zuordnung des Textes zur Textsorte Kurzgeschichte

   II. Weiterführende Erörterung: Kann die Kurzgeschichte für heutige Leser noch von Interesse sein?

   oder

   Weiterführende Aufgabe: Innerer Monolog aus der Sicht von Timm

C. *Während Timm sich Gedanken darüber macht, ob er im Krieg Schuld auf sich geladen hat, richtet sein Freund den Blick in die Zukunft und denkt nicht an den Krieg zurück*

Übung 44

1. bis 3.
   In der Kurzgeschichte „Vielleicht hat sie ein rosa Hemd“ von Wolfgang Borchert geht es um zwei Soldaten, die aus dem Krieg heimgekehrt sind. Sie sitzen auf einem Brückengeländer und unterhalten sich zunächst über vorbeigehende Passanten, später über ein besonderes Kriegserlebnis, das einer von ihnen gehabt hat.

Übung 45

1.

	Handlungsschritte
1	Kriegsheimkehrer sitzen auf Brückengeländer, beobachten Passanten
1	Hauptinteresse richtet sich auf vorbeigehende Frauen
2	finden die meisten von ihnen nicht attraktiv
2	machen sich durch freche Kommentare über sie lustig
3	werden aufmerksam beim Vorbeigehen eines hübschen Mädchens
4	Timm vermutet, sie trage ein rosa Hemd
4	Freund hält seine Vorstellungen für unsinnig
5	Timm verteidigt seine Ideen
5	erzählt seinem Freund von einem besonderen Kriegserlebnis, in dem ein rosa Hemd eine besondere Rolle gespielt hat
6	Freund hält Timms Gedanken über dieses Kriegserlebnis für unsinnig
6	Timm stimmt ihm scheinbar zu
6	beide lachen
7	Timm fasst nach einem Stück Stoff in seiner Hosentasche → ist in Wirklichkeit doch von der Kraft dieses Talismans überzeugt

2. a) bis c)

Das Interesse der beiden Kriegsheimkehrer richtet sich vor allem auf Frauen. Allerdings finden sie die meisten Frauen, die vorbeigehen, nicht attraktiv und machen sich mit frechen Kommentaren über sie lustig. Als ein hübsches Mädchen kommt, ändert sich ihr Verhalten aber. Nun stellen sie Überlegungen über die junge Frau an. Timm, der als Hauptfigur anzusehen ist, vermutet, dass sie wahrscheinlich ein rosa Unterhemd trägt. Zur Begründung erzählt er seinem Begleiter von einem Erlebnis aus Russland: Einer seiner Kameraden habe als Talisman stets ein Stück rosa Stoff bei sich getragen, das von einem Hemd seiner Braut gestammt habe. Nachdem er ihm das Stück Stoff weggenommen und den anderen Soldaten gezeigt habe, hätten die Kameraden diesen deswegen verspottet, woraufhin der seinen Talisman weggeworfen habe. Gleich am nächsten Tag sei er gefallen. Timms Erzählung löst bei beiden eine Pause des Nachdenkens aus.

Schließlich meint sein Begleiter, dass es unsinnig sei, einem Stück Stoff eine solche Bedeutung beizumessen. Am Ende lachen beide darüber. Währenddessen greift Timm in seine Hosentasche und fühlt nach einem Stück rosa Stoff, das er aus Russland mitgebracht hat.

Übung 46

Wortwahl:

- überwiegend Wörter aus der Alltagssprache, z. B. die Adjektive „dünn" (Z. 1), „eisig" (Z. 2), „laut" (Z. 22), die Verben „sitzen" (vgl. Z. 1) „regnen" (vgl. Z. 4), „sagen" (vgl. Z. 7), „kommen" (vgl. Z. 15) und die Nomen „Hosen" (Z. 1), „Männer" (Z. 5), „Mädchen" (Z. 5)
- Verb „registrieren" (vgl. Z. 10) wirkt dagegen eher gehoben → Ausnahme
- auch Wörter aus der Umgangssprache, z. B. „blöde" (vgl. Z. 20), „Blödsinn" (Z. 43, 44, 45), „rosane" (Z. 21) oder „Dinger" (Z. 36)
- „Parade" (Z. 4) erinnert ans Militär („Parade": Aufmarsch militärischer Einheiten).

Wirkung:

Die alltägliche Sprache, in der auch umgangssprachliche Ausdrücke vorkommen, wirkt betont lässig und „cool". Das deutet darauf hin, dass die beiden Freunde ihre Gefühle verbergen. Wenn der Erzähler sagt, sie würden „Parade abhalten", zeigt er damit, dass diese Kriegsheimkehrer noch nicht wirklich zu Hause angekommen sind, sondern immer noch ihre Militärzeit im Sinn haben.

Sprachliche Mittel:

- zahlreiche Wiederholungen. Wiederholt werden einzelne Wörter, z. B. „Blödsinn" (Z. 43, 44, 45); daneben gibt es auch Anaphern, z. B.: „Es regnete, es regnete nicht, es regnete." (Z. 4)
- Sprachbilder: „Balkon" (Z. 7) für „Busen", „Steinzeit" (Z. 10) als Ausdruck für „alt" und „Alles voll Spinngewebe" (Z. 10) als abfälliger Hinweis darauf, dass diese Frau lange nicht von einem Mann berührt wurde
- an einer Stelle eine Aufzählung: „Schlosserlehrlinge, Büroangestellte […], Volksschullehrer […]" (Z. 12 ff.), die aber etwas inkonsequent wirkt, denn neben Berufsbezeichnungen werden auch Aussehen, Gesundheitszustand und Verhaltensweisen erwähnt, z. B.: „mit weißer Haut" (Z. 12), „mit genialen Gesichtern" (Z. 12 f.), „mit dicken Beinen" (Z. 13), „Asthmatiker" (Z. 13), „mit Feldwebelschritt" (Z. 14)

Wirkung:
Die sprachlichen Mittel zeigen: Die beiden Männer wollen den Eindruck erwecken, dass es nichts gibt, das sie berührt. Da sie sich voller Verachtung über vorbeigehende Frauen äußern, wirken sie auch herablassend. Auch die unsystematische Aufzählung von vorbeigehenden Männern zeugt von Gleichgültigkeit: Männer werden fast als ununterscheidbare Masse in einer Gruppe zusammengefasst. Andererseits zeigt die Wiederholung des Wortes „Blödsinn", dass es ihnen wichtig ist, mögliche Vorstellungen von übernatürlichen Kräften des rosa Stofffetzens zurückzuweisen.

Satzbau:
- überwiegend kurze Hauptsätze, das zieht sich durch den ganzen Text. Am Anfang heißt es: „Die beiden saßen auf dem Brückengeländer. Ihre Hosen waren dünn und das Brückengeländer war eisig. Aber da gewöhnte man sich dran." (Z. 1 f.) Und der Text endet mit diesen Sätzen: „Aber es war noch rosa. Er hatte es aus Russland mitgebracht." (Z. 49 f.).
- nur gelegentlich (einfach konstruierte) Satzgefüge, z. B.: „Und weil sie einen Krieg lang nur Männer gesehen hatten, sahen sie jetzt nur Mädchen." (Z. 5)
- elliptisch verkürzte Sätze, z. B.: „Oder nach ganz sauberer Haut." (Z. 16), „Wie das Stück Zeug. Ganz rosa." (Z. 30), „Ein kleines Stück rosa Stoff." (Z. 48)
- grammatisch fehlerhafte Sätze, z. B.: „Aber da gewöhnte man sich dran." (Z. 2) – statt: „Aber daran gewöhnte man sich."

Wirkung:
Der Satzbau wirkt außerordentlich kühl, nüchtern und lässig. Er verstärkt den Eindruck, dass die beiden Männer keine Gefühle zeigen wollen, der auch durch die Wortwahl hervorgerufen wird. Die kurzen Hauptsätze und die Verkürzungen erinnern außerdem an die mündliche Sprache, sodass beim Leser das Gefühl erzeugt wird, er würde einer mündlichen Erzählung zuhören.

Übung 47

1. Das Geschehen ist überwiegend dargestellt von einem …

   ☒ auktorialen Erzähler.

2. *Begründung:* Der Erzähler wirkt sehr sachlich. Er erzählt, was er hört, sieht und weiß. Mit nüchternen Worten beschreibt er die Situation der beiden

jungen Männer: „Die beiden saßen auf dem Brückengeländer. Ihre Hosen waren dünn, und das Brückengeländer war eisig." (Z. 1 f.) Und als er sich dazu äußert, weshalb die Freunde trotzdem dort verharren, spricht er nur ganz allgemein. Statt von Timm und seinem Freund zu sprechen, verwendet er das Indefinitpronomen „man" (Z. 2). Das klingt wie eine Verallgemeinerung und wirkt sehr distanziert. Dennoch weiß er mehr, als ein neutraler Beobachter von außen erkennen würde: Er erzählt zum Beispiel, dass Timm – verdeckt in seiner Hosentasche – nach einem rosa Stofffetzen greift, den er aus Russland mitgebracht hat (vgl. Z. 47–50).

3. Durch seine Darstellung gibt der Erzähler keine Gefühle zu erkennen. Dass die Situation der beiden Männer sehr trostlos ist, gibt er z. B. mit keinem Wort zu verstehen. Das wirkt auf den Leser fast befremdlich.

Übung 48

1. *Du solltest diese Textstellen unterstrichen haben:*
   - Z. 7 („Hat einen ganz schönen Balkon. Kann man auf Kaffee trinken")
   - Z. 8 („Und wenn sie zu lange in der Sonne rumläuft, wird die Milch sauer")
   - Z. 10 („Steinzeit", „Alles voll Spinngewebe")
   - Z. 18 („Vielleicht hat sie ein rosa Hemd", „Warum")
   - Z. 19 („Doch, [...] die so sind, die haben meistens ein rosa Hemd.")
   - Z. 20 („Blöde, [...] sie kann ebenso gut ein blaues haben.")
   - Z. 21 f. („Kann sie eben nicht, du, kann sie eben nicht. Solche die haben rosane. Das weiß ich ganz genau, mein Lieber.")
   - Z. 23 („Du kennst wohl eine?")
   - Z. 26–32 („Nein, ich nicht. *bis* Und davon ist es.")
   - Z. 33 („Na und?")
   - Z. 34–37 („Ich hab es ihm weggenommen. *bis* kannst du dir denken.")
   - Z. 38 („Und da?")
   - Z. 39–41 („Er hat es weggeworfen [...] Ja, [...] er hat es weggeworfen, und dann hat es ihn erwischt. Am nächsten Tag hat es ihn schon erwischt.")
   - Z. 43 und 44 („Blödsinn")
   - Z. 45 f. („Ja, ich weiß *bis* Aber komisch ist es, weißt du, komisch ist es doch.")

2. Vor allem im Mittelteil der Kurzgeschichte überwiegt ...
   ☒ die Redewiedergabe.

3. Er hat die direkte Rede nicht in Anführungszeichen gesetzt.

4. Das, was die beiden jungen Männer sagen, verschwimmt fast mit dem Erzählerbericht. So entsteht der Eindruck, als würden die Worte, die von Timm und seinem Freund gesprochen werden, genauso kühl und nüchtern klingen wie die Worte, die der Erzähler äußert.

Übung 49

1. bis 3.
   Das Geschehen wird durchgängig von einem auktorialen Erzähler dargestellt. Wie ein nüchterner Beobachter erzählt er, was geschieht. Nur durch die Beschreibung von eigentlich versteckten Handlungen verrät er, dass er mehr weiß als ein neutraler Beobachter (vgl. Z. 47–50). Die Darstellung wirkt deshalb sehr sachlich und kühl. Auch wirkt die Sprache sehr alltäglich: Es werden fast nur Hauptsätze verwendet, und auch die Wörter klingen sehr einfach (z. B. „Hosen“, Z. 1; „dünn“, Z. 1; „sehen“, vgl. Z. 5). Dass der Text zu rund zwei Dritteln aus direkter Rede besteht, ändert nichts an diesem Eindruck. Die Äußerungen der beiden Freunde klingen nämlich fast noch kühler und nüchterner als die des Erzählers. Auch enthalten ihre Äußerungen mehrmals umgangssprachliche Wörter (z. B. „Blödsinn“, Z. 43, 44, 45). In ihrer Schlichtheit und Nüchternheit passt diese Sprache nicht zur Situation der beiden Kriegsheimkehrer. Das wirkt auf den Leser zugleich überraschend und verstörend.

Übung 50

1.

Verhaltensweisen	Eigenschaften
Timm macht sich zusammen mit seinem Freund über vorbeigehende Frauen lustig (vgl. Z. 7–10).	will seinen Spaß haben, will „cool“ sein
Beim Anblick eines hübschen Mädchens fängt er an, Vermutungen zur Farbe ihres Unterhemds anzustellen (vgl. Z. 18).	hat eine besondere Vorstellungskraft, ist sensibel

Obwohl sein Freund seine Vorstellungen für unsinnig hält, beharrt er darauf (vgl. Z. 19–22).	lässt sich nicht so leicht beirren, bleibt fest bei seiner Vorstellung; *auch:* diese Vorstellung muss sehr wichtig für ihn sein
Er erzählt seinem Freund alle Einzelheiten von einem Kriegserlebnis in Russland (vgl. Z. 26–41).	ist ehrlich, verschweigt auch nicht sein Fehlverhalten, hat ein schlechtes Gewissen, fühlt sich schuldig und gesteht das ein
Er schweigt, nachdem er seinem Freund alles darüber erzählt hat (vgl. Z. 42).	ist nachdenklich; denkt, dass das rosa Stück Stoff evtl. doch ein Talisman sein könnte
Er stimmt seinem Freund zu, als dieser behauptet, es sei „Blödsinn" (Z. 43, 44), in einem Stück Stoff einen Talisman zu sehen.	passt sich seinem Freund an, will nicht als rührselig gelten
Er sagt: „Aber komisch ist es, […] komisch ist es doch." (Z. 46)	hält es insgeheim doch für möglich, dass das rosa Stück Stoff ein wirksamer Talisman gewesen sein kann
Er fängt an, über seine Vermutungen zu lachen (vgl. Z. 47).	spielt wieder den jungen Mann, der lässig und „cool" ist
Er fasst nach dem Stück rosa Stoff in seiner Hosentasche (vgl. Z. 47–50).	glaubt doch daran, von einem kleinen Stück Stoff beschützt worden zu sein

2. a) bis c)

Timm erweckt am Anfang zwar den Eindruck, lässig und „cool" zu sein. Das zeigen die frechen Kommentare, die er zusammen mit seinem Begleiter über einige vorbeigehende Frauen abgibt (vgl. Z. 7, 10). In seinem Inneren sieht es jedoch anders aus. Das gibt er zu erkennen, als ein hübsches Mädchen vorbeikommt: Wie sein Begleiter macht er sich sofort Gedanken über sie, z. B. stellt er sich vor, dass sie ein rosa Unterhemd trägt (vgl. Z. 18). Als sein Begleiter das als unsinnig zurückweist (vgl. Z. 20), beharrt er trotzdem darauf. Zur Begründung erzählt er die Geschichte aus Russland. Dabei verschweigt er nicht, dass er es war, der den Kameraden der Lächerlichkeit preisgegeben hat. Er ist also ehrlich. Dass er auch eine sensible Seite hat, zeigt sich darin, dass er wegen seines damaligen Fehlverhaltens immer noch ein schlechtes Gewissen hat und daher betreten seinen Kopf senkt („Timm sah auf seine Knie.", Z. 39): Er glaubt, den Tod des Kameraden zumindest mit verschuldet zu haben (vgl. Z. 40 f.). Als sein Freund das für unsinnig erklärt (vgl. Z. 43 f.), stimmt er ihm zwar zu. Insgeheim glaubt er aber doch daran, dass von dem Stück Stoff übernatürliche Kräfte ausgehen.

Das zeigt sich darin, dass er nach dem Stofffetzen in seiner Hosentasche fasst (vgl. Z. 47–50). Er scheint zu glauben, dass er mit dessen Hilfe den Krieg überlebt hat.

Übung 51

1. Die Darstellung ist nicht humorvoll. Der Erzähler stellt das Beisammensein der beiden Freunde sehr ernsthaft dar. Er macht sich keineswegs über sie lustig, und er wird an keiner Stelle ironisch. Auch bezieht er sich auf keinen aktuellen Anlass, an dem er Kritik üben will. Vielmehr beschreibt er am Beispiel von Timm und seinem Freund die Situation junger Kriegsheimkehrer; sie stehen stellvertretend für alle anderen jungen Männer, die in Russland Kriegsdienst leisten mussten.

2.

	trifft zu	trifft nicht zu
a) Die Hauptfiguren sind einfache Menschen, keine Helden.	☒	☐
b) Sie sind eher Typen als Individuen.	☒	☐
c) Erzählt wird von einer alltäglichen Begebenheit.	☒	☐
d) Zwischen den beteiligten Figuren kommt es zu einem Konflikt.	☐	☒
e) Die Sprache ist einfach.	☒	☐
f) Hin und wieder werden umgangssprachliche Formulierungen verwendet.	☒	☐
g) Das Geschehen wird im Präteritum erzählt.	☒	☐
h) Es gibt keine Einleitung.	☒	☐
i) Die Darstellung ist linear, ohne Rückblenden.	☐	☒
j) Die Handlung strebt auf einen Wendepunkt zu.	☐	☒
k) Der Ausgang ist offen.	☒	☐

3. a) bis c)
Dass es sich bei dem Text um eine Kurzgeschichte handelt, zeigt gleich der erste Satz: „Die beiden saßen auf dem Brückengeländer." (Z. 1) Es gibt also keine Einleitung, die den Leser auf die Handlung vorbereitet. Genauso

wenig gibt es einen richtigen Schluss. Die Erzählung hört an einer bestimmten Stelle einfach auf. Man erfährt nicht, ob die beiden Freunde sich wirklich auf eine Deutung von Timms Kriegserlebnis einigen. Genauso unklar bleibt, wie die Handlung weitergeht. Auch der Inhalt passt zur Textsorte Kurzgeschichte: Erzählt wird von einer kurzen, alltäglichen Begebenheit: Zwei junge Männer sitzen eine Zeit lang auf einem Brückengeländer und beobachten die vorbeigehenden Passanten. Typisch für eine Kurzgeschichte ist auch die einfache, ganz alltäglich wirkende Sprache.
Zwei Merkmale sind aber nur im Ansatz erfüllt: Da Timm von einem seiner Kriegserlebnisse erzählt, gibt es doch eine Art Rückblende. Und die Position des Wendepunkts ist ungewöhnlich früh: Vom Vorbeigehen des hübschen Mädchens, das bei den beiden jungen Männern eine Verhaltensänderung bewirkt, wird schon nach dem ersten Drittel erzählt (vgl. Z. 15 ff.). Die entscheidenden Merkmale einer Kurzgeschichte sind aber dennoch enthalten.

Übung 52

1. ☒ Sie soll den Leser nachdenklich stimmen.

   Begründung: Der Inhalt ist zu ernst, als dass man sagen könnte, der Leser solle beim Lesen in erster Linie seinen Spaß haben. Zwar machen sich die beiden jungen Männer über Passanten lustig, aber insgesamt passt es nicht zu ihrer elenden Lage. Der Leser wird eher anfangen, über das Schicksal und die Befindlichkeit der beiden nachzudenken, als dass er sich daran erfreut zu erfahren, wie frech sie über einzelne vorbeigehende Frauen lästern.

2. a) bis c)

   Die Absicht des Autors besteht in erster Linie darin, den Leser nachdenklich zu stimmen. Er beschreibt die trostlose Situation zweier Kriegsheimkehrer und weckt damit Verständnis für sie. Dabei verarbeitet er bestimmt eigene Erfahrungen, denn auch Borchert war als Soldat in Russland. Vielleicht bestand seine Hauptabsicht sogar darin, seine eigenen Erlebnisse zu bewältigen, indem er diese Kurzgeschichte schrieb. Wahrscheinlich will er dem Leser zeigen, wie schlimm die Situation der Kriegsheimkehrer ist.

So sieht der Lösungstext aus, wenn alle Textteile zusammengefügt sind:

Einleitung

In der Kurzgeschichte „Vielleicht hat sie ein rosa Hemd“ von Wolfgang Borchert geht es um zwei Soldaten, die aus dem Krieg heimgekehrt sind. Sie sitzen auf einem Brückengeländer und unterhalten sich zunächst über vorbeigehende Passanten, später über ein besonderes Kriegserlebnis, das einer von ihnen gehabt hat.

Inhaltszusammenfassung

Das Interesse der beiden Kriegsheimkehrer richtet sich vor allem auf Frauen. Allerdings finden sie die meisten Frauen, die vorbeigehen, nicht attraktiv und machen sich mit frechen Kommentaren über sie lustig. Als ein hübsches Mädchen kommt, ändert sich ihr Verhalten aber. Nun stellen sie Überlegungen über die junge Frau an. Timm, der als Hauptfigur anzusehen ist, vermutet, dass sie wahrscheinlich ein rosa Unterhemd trägt. Zur Begründung erzählt er seinem Begleiter von einem Erlebnis aus Russland: Einer seiner Kameraden habe als Talisman stets ein Stück rosa Stoff bei sich getragen, das von einem Hemd seiner Braut gestammt habe. Nachdem er ihm das Stück Stoff weggenommen und den anderen Soldaten gezeigt habe, hätten die Kameraden diesen deswegen verspottet, woraufhin der seinen Talisman weggeworfen habe. Gleich am nächsten Tag sei er gefallen. Timms Erzählung löst bei beiden eine Pause des Nachdenkens aus. Schließlich meint sein Begleiter, dass es unsinnig sei, einem Stück Stoff eine solche Bedeutung beizumessen. Am Ende lachen beide darüber. Währenddessen greift Timm in seine Hosentasche und fühlt nach einem Stück rosa Stoff, das er aus Russland mitgebracht hat.

Sprachliche Gestaltung

Das Geschehen wird durchgängig von einem auktorialen Erzähler dargestellt. Wie ein nüchterner Beobachter erzählt er, was geschieht. Nur durch die Beschreibung von eigentlich versteckten Handlungen verrät er, dass er mehr weiß als ein neutraler Beobachter (vgl. Z. 47–50). Die Darstellung wirkt deshalb sehr sachlich und kühl. Auch wirkt die Sprache sehr alltäglich: Es werden fast nur Hauptsätze verwendet, und auch die Wörter klingen sehr einfach (z. B. „Hosen“, Z. 1; „dünn“, Z. 1; „sehen“, vgl. Z. 5). Dass der Text zu rund zwei Dritteln aus direkter Rede besteht, ändert nichts an diesem Eindruck. Die Äußerungen der beiden Freunde klingen nämlich fast noch kühler und nüchterner als die des Erzählers. Auch enthalten ihre Äußerungen mehrmals umgangssprachliche Wörter (z. B. „Blödsinn“, Z. 43, 44, 45). In ihrer Schlichtheit und Nüchternheit passt diese Sprache nicht zur Situation der beiden Kriegsheimkehrer. Das wirkt auf den Leser zugleich überraschend und verstörend.

Charakterisierung Timms

Timm erweckt am Anfang zwar den Eindruck, lässig und „cool“ zu sein. Das zeigen die frechen Kommentare, die er zusammen mit seinem Begleiter über einige vorbeigehende Frauen abgibt (vgl. Z. 7, 10). In seinem Inneren sieht es jedoch anders aus. Das gibt er zu erkennen, als ein hübsches Mädchen vorbeikommt: Wie sein Begleiter macht er sich sofort Gedanken über sie, z. B. stellt er sich vor, dass sie ein rosa Unterhemd trägt (vgl. Z. 18). Als sein Begleiter das als unsinnig zurückweist (vgl. Z. 20), beharrt er trotzdem darauf. Zur Begründung erzählt er die Geschichte aus Russland. Dabei verschweigt er nicht, dass er es war, der den Kameraden der Lächerlichkeit preisgegeben hat. Er ist also ehrlich. Dass er auch eine sensible Seite hat, zeigt sich darin, dass er wegen seines damaligen Fehlverhaltens immer noch ein schlechtes Gewissen hat und daher betreten seinen Kopf senkt („Timm sah auf seine Knie.“, Z. 39): Er glaubt, den Tod des Kameraden zumindest mit verschuldet zu haben (vgl. Z. 40 f.). Als sein Freund das für unsinnig erklärt (vgl. Z. 43 f.), stimmt er ihm zwar zu. Insgeheim glaubt er aber doch daran, dass von dem Stück Stoff übernatürliche Kräfte ausgehen. Das zeigt sich darin, dass er nach dem Stofffetzen in seiner Hosentasche fasst (vgl. Z. 47–50). Er scheint zu glauben, dass er mit dessen Hilfe den Krieg überlebt hat.

Textsortenbestimmung

Dass es sich bei dem Text um eine Kurzgeschichte handelt, zeigt gleich der erste Satz: „Die beiden saßen auf dem Brückengeländer.“ (Z. 1) Es gibt also keine Einleitung, die den Leser auf die Handlung vorbereitet. Genauso wenig gibt es einen richtigen Schluss. Die Erzählung hört an einer bestimmten Stelle einfach auf. Man erfährt nicht, ob die beiden Freunde sich wirklich auf eine Deutung von Timms Kriegserlebnis einigen. Genauso unklar bleibt, wie die Handlung weitergeht. Auch der Inhalt passt zur Textsorte Kurzgeschichte: Erzählt wird von einer kurzen, alltäglichen Begebenheit: Zwei junge Männer sitzen eine Zeit lang auf einem Brückengeländer und beobachten die vorbeigehenden Passanten. Typisch für eine Kurzgeschichte ist auch die einfache, ganz alltäglich wirkende Sprache.

Zwei Merkmale sind aber nur im Ansatz erfüllt: Da Timm von einem seiner Kriegserlebnisse erzählt, gibt es doch eine Art Rückblende. Und die Position des Wendepunkts ist ungewöhnlich früh: Vom Vorbeigehen des hübschen Mädchens, das bei den beiden jungen Männern eine Verhaltensänderung bewirkt, wird schon nach dem ersten Drittel erzählt (vgl. Z. 15 ff.). Die entscheidenden Merkmale einer Kurzgeschichte sind aber dennoch enthalten.

Absicht des Verfassers

Die Absicht des Autors besteht in erster Linie darin, den Leser nachdenklich zu stimmen. Er beschreibt die trostlose Situation zweier Kriegsheimkehrer und weckt damit Verständnis für sie. Dabei verarbeitet er bestimmt eigene Erfahrungen, denn auch Borchert war als Soldat in Russland. Vielleicht bestand seine Hauptabsicht sogar darin, seine eigenen Erlebnisse zu bewältigen, indem er diese Kurzgeschichte schrieb. Wahrscheinlich will er dem Leser zeigen, wie schlimm die Situation der Kriegsheimkehrer ist.

Weiterführende Aufgabe

Übung 53

1. Ist der Sachverhalt, um den es geht, …

   ☒ dramatisiert worden?

2. Ich finde nicht, dass der Autor den Sachverhalt dramatisiert hat.

3. *Argument 1:*

   Behauptung: Er bezieht sich auf den Befund einer Studie, der in der Tat alarmierend ist.
   Begründung: Untersuchungsergebnisse zeigen, dass die Anzahl der Insekten in den letzten Jahrzehnten erschreckend abgenommen hat.
   Beispiel: Es heißt im Text, die „Biomasse an Fluginsekten" (Z. 6) habe seit 1989 um 76 Prozent abgenommen.
   Abrundung: Die internationale Studie sollte ernst genommen werden, da bereits drei Viertel aller Insekten verschwunden sind.

   Argument 2:

   Behauptung: Insekten erfüllen eine wichtige Aufgabe für uns Menschen.
   Begründung: Fluginsekten bestäuben die Blüten vieler Pflanzen. Ohne ihre Tätigkeit würden viele Früchte und Gemüsesorten nicht wachsen.
   Beispiel: „[…] 80 Prozent aller Pflanzen werden von den fliegenden Sechsbeinern bestäubt – auch Nutzpflanzen, die Grundlage unserer Ernährung." (Z. 18–22)
   Abrundung: Wenn die Insekten sterben, werden unweigerlich auch andere Tier- und Pflanzenarten verloren gehen.

4. Hat Sascha Karberg in seinem Text „Unheil im Anflug – für uns alle" die Gefahren, die mit dem Insektensterben verbunden sind, übertrieben dargestellt? Das würde bedeuten, dass er die möglichen Folgen, die das für uns alle haben kann, als deutlich schlimmer beschrieben hat, als sie tatsächlich sind.

   Zunächst einmal ist zu sagen, dass er sich an den Untersuchungsergebnissen orientiert, die eine Langzeitstudie ergeben hat. Diese zeigt, dass 76 Prozent aller Insekten in den letzten drei Jahrzehnten verschwunden sind. Er übertreibt hier nicht, sondern stellt die Fakten ganz genauso dar, wie sie nun einmal sind. Dabei sind seine Angaben sogar sehr präzise: Er nennt den genauen Zeitraum (von 1989 bis 2016) und auch den genauen Anteil der Insekten, die es heute im Vergleich zu früher nicht mehr gibt. Der Befund dieser internationalen Studie sollte sehr ernst genommen werden, da bereits mehr als drei Viertel aller Insekten verschwunden sind. Eine Übertreibung ist hier nicht zu erkennen.

Bei der Untersuchung geht es nur um Fluginsekten, also um Bienen, Wespen, Hummeln, Fliegen usw. Der Verfasser zeigt auf, welche Bedeutung diese Insekten haben, nicht nur für uns, sondern auch für andere Tiere. Sie bestäuben nicht nur einen Großteil unserer Obst- und Gemüsepflanzen, sondern auch viele andere Nutzpflanzen. Bleibt diese Bestäubung aus, tragen all diese Pflanzen künftig keine Früchte mehr und entwickeln folglich auch keine Samen. Somit gefährdet das Insektensterben nicht nur unsere Existenz, sondern auch die der Tiere, die uns Fleisch, Milch und Eier liefern. Außerdem dienen Insekten als Nahrungsquelle für viele Vögel. Wenn also die Insekten sterben, werden unweigerlich auch andere Tier- und Pflanzenarten verloren gehen. Dass die Darstellung hier als übertrieben anzusehen ist, kann ich nicht erkennen.

Dass der Verfasser an einigen Stellen zu Worten gegriffen hat, die etwas übertrieben klingen – z. B. spricht er vom „Zusammenbruch ganzer Ökosysteme" (Z. 25 f.) –, heißt nicht, dass seine Darstellung übertrieben ist. Wenn es nicht gelingt, das Insektensterben zu stoppen, dann drohen in der Tat große Gefahren. Der Verfasser warnt hier davor mit klaren Worten. Nur so kann er den Lesern die Augen öffnen.

Übung 54

Leserbrief

Moritz Schneider
Bergstraße 17
84028 Landshut

An die
Redaktion des Tagesspiegels
(Eine genaue Adresse wird in der Aufgabenstellung nicht genannt, deshalb kannst du darauf verzichten.)

Landshut, 22.10.2017

Leserbrief zum Kommentar „Unheil im Anflug – für uns alle“

Sehr geehrte Damen und Herren,

ich bitte um Veröffentlichung meines Leserbriefes zu ihrem oben genannten Kommentar im „Tagesspiegel“ vom 21.10.2017.
In seinem Artikel warnt Sascha Karberg vor den Folgen des Insektensterbens. Er bezieht sich dabei auf eine aktuelle Studie, die gezeigt hat, dass sich die Anzahl der Fluginsekten in den letzten 25 Jahren erschreckend verringert hat. Er weist darauf hin, welche wichtige Rolle diese Nutztiere für uns alle spielen, weil sie unsere Pflanzen bestäuben, und er fordert die Verbraucher auf, künftig beim Einkaufen weniger auf die Preise zu achten. Seiner Meinung nach kann das einen positiven Einfluss auf die Landwirtschaft haben. Dann müssten dort weniger Pestizide und Insektizide eingesetzt werden, was sich positiv auf den Bestand der Insekten auswirken würde.
Ich verstehe nicht, weshalb der Verfasser einen Zusammenhang zwischen dem Einkaufsverhalten der Verbraucher und dem Einsatz von Pestiziden und Insektiziden sieht. Zum einen gesteht er selbst ein, dass die Ursachen des Insektensterbens noch gar nicht geklärt seien. Schließlich wurde die Studie ausschließlich in Naturschutzgebieten durchgeführt (vgl. Z. 41–44). Zum anderen sind die niedrigen Preise meiner Meinung nach eher auf den Konkurrenzdruck zwischen den Supermärkten zurückzuführen. Insbesondere die Discounter versuchen regelmäßig, sich gegenseitig mit Sonderangeboten geradezu zu unterbieten. Mit ihrer Preispolitik setzen sie die Bauern so unter Druck, dass diese fast gezwungen sind, Pestizide und Insektizide einzusetzen. Nur so kann es ihnen gelingen, möglichst viele Lebensmittel so kostengünstig herzustellen.
Der Autor vergisst zudem, dass es viele Verbraucher gibt, die auf den Preis achten müssen. Ihr Einkommen ist so gering, dass sie mit ihrem Geld kaum bis zum Monatsende auskommen. Man liest immer wieder, dass die Anzahl derer, die in ihrer Not zu einer der sogenannten „Tafeln“ gehen müssen, um dort Lebensmittel zu holen, in letzter Zeit deutlich gestiegen ist.
Es ist ja richtig, dass etwas unternommen werden muss, um dem Insektensterben entgegenzuwirken. Aber der Verfasser sollte sich nicht allein an die Verbraucher wenden, zumal die Ursachen des Problems auf keinen Fall allein bei ihnen liegen!

Moritz Schneider

Telefonnummer für Rückfragen

Übung 55

1.

	Ideen
Anlass für den Brief	Schreiber hat erfahren, dass Existenz der Hummeln gefährdet ist
Botschaft an die Hummel	• neues Wissen: auch Hummeln sind wichtige Bestäuber • Wertschätzung der Arbeit von Hummeln
Einzelheiten zur Erläuterung der Botschaft	• Arbeit der Hummeln wichtig für Wachstum von Obst, Gemüse und anderen Nutzpflanzen • Gefährdung der Hummeln als Problem für Menschen und Tiere • Ursachen noch nicht geklärt • Monokulturen als eines der Probleme

2.
   - Ich habe verstanden, dass auch die Tätigkeit von Hummeln für Menschen und Tiere wichtig ist.
   - Ich hoffe, die Menschen verstehen endlich, dass Monokulturen gefährlich für Hummeln und andere Fluginsekten sind.
   - Ich werde mich dafür einsetzen, dass künftig zumindest auf unserem Balkon eine Vielfalt an Blüten vorkommt.

3. a) bis c)

Persönlicher Brief

Ebersbach, 22. 10. 2017

Liebe Hummel,

vor Kurzem habe ich erfahren, dass deine Existenz gefährdet ist. Eine Untersuchung hat gezeigt, dass in den letzten drei Jahrzehnten im Schnitt drei von vier Hummeln verschwunden sind. Wahrscheinlich sind sie gestorben. Oder es hat immer weniger Nachkommen gegeben. Egal, was passiert ist: Das ist wirklich schlimm!
Wie ich inzwischen weiß, haben wir Menschen es nicht nur den Bienen zu verdanken, dass wir Jahr für Jahr unseren Vitaminbedarf decken können. Auch du sorgst dafür, dass die Blüten von Äpfeln, Birnen, Pflaumen, Tomaten usw. bestäubt werden.

Ohne deine Unterstützung bekämen wir keine Früchte und weniger Gemüse. Auch viele unserer Nutztiere würden leiden. Wenn es dich und deine Artgenossen nicht gäbe, dann würden nach und nach auch solche Pflanzen verschwinden, die den Kühen als Futter dienen, z. B. Gras. Wenn die Blüten der Gräser nicht mehr bestäubt werden, können keine neuen Pflanzen entstehen, und irgendwann geht der Bestand zur Neige. Das war mir bisher nicht bewusst.
Umso schlimmer ist es, dass du und die anderen Fluginsekten vom Aussterben bedroht zu sein scheinen. Zumindest gibt es immer weniger von euch. Woran liegt das? Sind es die Landwirte, die euch mit Pestiziden bedrohen? Oder liegt es daran, dass ihr verhungert, weil die Vielfalt der Pflanzen nachgelassen hat?
Ich hoffe, es findet endlich ein Umdenken statt. Wir Menschen sind nicht allein auf der Welt. Wir müssen auch an euch denken. Was mich betrifft: Künftig werde ich dafür sorgen, dass du zumindest auf unserem Balkon möglichst lange Nektar findest. Ich werde meine Eltern darum bitten, die Balkonkästen mit ganz unterschiedlichen Blumen zu bepflanzen – und zwar so, dass den ganzen Sommer über Pflanzen blühen.

Deine Valentina

Übung 56

1. **Tagebucheintrag**

3. 12. 1946

Liebes Tagebuch,

heute habe ich zusammen mit Max Leute beobachtet. Wir saßen auf einem Brückengeländer und haben die vorbeigehenden Passanten beobachtet, genauer: die Frauen. Die meisten sahen schrecklich aus, und wir haben nur unsere Witze über sie gemacht. Aber dann kam eine, die sehr hübsch war. Prompt hat mich das an dieses schreckliche Erlebnis mit Uwe erinnert: Der hatte in Russland immer ein Stück rosa Stoff bei sich, als Talisman. Das stammte von einem Hemd seiner Braut. Jedenfalls hat er mir das gestanden, nachdem der Stofffetzen mal zu Boden gefallen war. Als das hübsche Mädchen vorbeiging, fiel mir das sofort ein.
Leider habe ich Max gesagt, dass die vorbeigehende junge Frau bestimmt ein rosa Hemd anhat. Das fand er natürlich völlig blödsinnig. Er meinte, sie

könnte doch genauso gut ein blaues Hemd anhaben. Da habe ich ihm die Geschichte aus Russland erzählt: dass einer meiner Kameraden immer ein Stück rosa Stück Stoff bei sich hatte, dass ich es ihm weggenommen und es den anderen Soldaten gezeigt habe und die sich daraufhin über ihn lustig gemacht haben, dass ihm das sehr peinlich war und er das Stoffstück hinterher weggeworfen hat – und dass er gleich am nächsten Tag gefallen ist.
Die Geschichte hat Max tatsächlich ein bisschen nachdenklich gemacht. Aber dann blieb er doch bei seiner Meinung: dass es Blödsinn sei, daran zu glauben, dass ein lächerliches Stück Stoff jemanden beschützen könne. Natürlich gab ich ihm recht, sonst hätte er ja gedacht, dass ich abergläubisch bin, und das wollte ich nicht. Was er allerdings nicht wusste: Ich hatte den Stoff, den Uwe weggeworfen hatte, aufgehoben und in meine Hosentasche gesteckt. Immerhin habe ich damit überlebt ...!
Es wird Zeit, dass ich aufhöre, mir Gedanken darüber zu machen. Sonst werde ich nie zu Hause ankommen. Ich darf nicht immer an diese schrecklichen Kriegserlebnisse zurückdenken, sondern muss den Blick endlich nach vorne richten!

2. **Innerer Monolog**

Max hat natürlich recht. Niemand stirbt, weil er ein Stück Stoff weggeworfen hat. Und ob Uwe noch leben würde, wenn er seinen Stoff behalten hätte, ich glaub's nicht. Schließlich hat ihn ein feindlicher Scharfschütze von hinten getroffen. Sein Talisman hätte nichts daran geändert. – Aber dass ich überlebt habe, ist schon komisch. Nach Uwes Tod habe ich den Stofffetzen einfach an mich genommen und ihn bei mir behalten, und seither ist mir nichts passiert ... Aber ... Dabei gab es auch für mich viele gefährliche Situationen. Es sind ja auch genügend andere Soldaten ums Leben gekommen. Nur ... komisch ... ich wurde immer verschont. – Aber das lag natürlich nicht an diesem Stofffetzen. Das ist wirklich Blödsinn. Stoff ist Stoff ... Trotzdem kann ich nicht vergessen, was ich Uwe angetan habe. Er hat sich mir anvertraut – und ich hab's ausgenutzt. Hab dafür gesorgt, dass die anderen sich über ihn lustig machen. Naja, sonst gab es im Krieg ja auch nichts zu lachen ... Trotzdem: Ach ... ich wünschte, ich hätt's nicht getan! – Warum hat er den Stoff eigentlich weggeworfen? Er hätte besser mit uns reden sollen. Wenn mir so was passiert wäre, hätt ich mich schon verteidigt! Was ist denn schon dabei, wenn man ein Andenken an seine Braut bei sich trägt? – Aber vielleicht war er so überrumpelt davon, wie sich die anderen alle über ihn lustig gemacht haben, dass er einfach nicht mehr klar denken konnte. Das hat ihn eben fertiggemacht. Wäre mir auch total peinlich gewesen. Ach je … es wird Zeit, dass ich die grässlichen Bilder aus meinem Kopf vertreibe! Ich muss endlich nach vorne schauen. Eigentlich liegt doch mein ganzes Leben noch vor mir. Mal seh'n, was ich den Rest des Tages anstelle. Vielleicht hat Max eine Idee …

3. **Fortsetzung eines Textes**

Lange Zeit sagte Timm nichts. Dann sah er den anderen an. Was machen wir jetzt?, fragte er. Wir können doch nicht ewig hier sitzen bleiben.
Ist ja auch viel zu kalt, sagte der andere. Komm, lass uns gehen!
Jetzt erst merkten sie, wie eisig es war. Wo sollten sie über Nacht bleiben? Eine Unterkunft hatten sie noch nicht gefunden. Gegessen hatten sie auch noch nichts. Sie brauchten unbedingt Hilfe. Das wussten sie beide. Ziellos machten sie sich auf den Weg, gingen vorbei an den Männern und Frauen, die ihnen entgegenkamen.
Da fiel Timms Blick auf ein Gesicht, das ihm bekannt vorkam. Er hatte den Mann schon einmal gesehen. Wo war das doch gewesen? Richtig, in Russland. Er hatte in derselben Truppe gedient wie er.
Wo kommst du denn her?, fragte Timm den, der ihnen entgegenkam. Ich wohne hier, sagte der. Georg hieß er, jetzt fiel es Timm wieder ein. Georg sagte: Meine Eltern leben hier. Wollt ihr mitkommen?
Sie gingen zu dritt weiter. Vor einem mehrstöckigen Haus blieben sie stehen. Das Haus rechts davon war zerstört. Georg holte einen Schlüssel aus seiner Manteltasche und öffnete die Tür. Sie stiegen die Treppe hinauf, bis in den vierten Stock. Aus mehreren Wohnungen roch es nach Essen. Da erst merkte Timm, wie hungrig er war.
Georg öffnete die Wohnungstür. Seine Eltern standen im Flur. Ich habe zwei Kameraden getroffen, sagte Georg. Die jungen Männer traten ein. In der Küche war es schön warm. Georgs Mutter gab ihnen auch zu essen. Es gab Kohl und Kartoffeln. Was anderes habe ich nicht, sagte sie. Für Timm und seinen Begleiter war es wie ein Festessen.
Immerhin: Für eine gewisse Zeit konnten sie dort bleiben. Solange, bis sie eine eigene Bleibe gefunden hatten.

Hinweis: *Bei wörtlicher Rede sind wie im Originaltext keine Anführungszeichen gesetzt worden.*

4. Dialog

FLORIAN: Habt ihr schon den Artikel über das Insektensterben gelesen?

MUTTER: Nein. Lohnt sich das?

FLORIAN *(zufrieden):* Allerdings! Stellt euch vor: In den letzten 25 Jahren sind über 75 Prozent aller Insekten verschwunden! Wahrscheinlich sind sie gestorben. Oder ihre Nachkommen haben nicht überlebt.

VATER: Das klingt ja schlimm!

FLORIAN: Ist es auch! Wenn es nämlich keine Insekten mehr gibt, dann verhungern wir!

VATER *(skeptisch):* Na, das klingt aber ganz schön übertrieben!

FLORIAN: Ist es aber nicht! Vergiss nicht: Fluginsekten bestäuben doch die Pflanzen, und wenn es keine Insekten mehr gibt, wachsen keine Früchte mehr. Ich glaube, viele Gemüsesorten müssen auch bestäubt werden.

VATER *(ernst):* Das hatte ich gar nicht bedacht.

MUTTER: Kann man denn nichts gegen das Insektensterben tun?

FLORIAN: Doch! Der Verfasser sagt, wir sollen beim Einkaufen unserer Lebensmittel nicht mehr so sehr auf die Preise achten.

MUTTER *(ungläubig):* Was haben denn die Preise der Lebensmittel mit dem Insektensterben zu tun?

FLORIAN: Naja, wenn die Bauern nur so wenig Geld für ihre Produkte kriegen, dann müssen sie die Lebensmittel eben billig produzieren, z. B. Weizen oder Erdbeeren. Und das geht nur, wenn sie Pestizide und Insektizide einsetzen.

VATER: Ist es sicher, dass das Insektensterben darauf zurückzuführen ist?

FLORIAN: Nein, das ist noch nicht so ganz klar. Es kann auch am Klimawandel liegen.

MUTTER: Woher weiß der Autor denn, wie viele Insekten gestorben sind?

FLORIAN: Aus einer Studie.

MUTTER: Ich muss den Artikel wohl selber mal lesen. Ehe ich nicht genau verstehe, was die Bauern mit dem Insektensterben zu tun haben, werde ich unser Geld nicht für teure Lebensmittel ausgeben. Wir wollen ja auch mal ins Kino gehen. Oder in den Urlaub fahren …

FLORIAN *(zufrieden):* Ihr solltet den Text beide lesen. Und dann können wir uns noch mal darüber unterhalten.

Übung 57

1. Der Text zeigt, dass die Untersuchung über das Insektensterben uns alle wachrütteln müsste. Wir halten es für selbstverständlich, dass wir das ganze Jahr über in einen Supermarkt gehen und dort Obst und Gemüse kaufen können. Und wenn die Produkte nicht aus Deutschland stammen, dann werden sie eben importiert, z. B. aus Israel, Südafrika, Chile oder Neuseeland. Aber das Problem des Insektensterbens ist nicht nur in Deutschland zu beobachten. Wir müssen jetzt gegensteuern, sonst drohen irgendwann Hungersnöte. Es wird Zeit, dass wir unseren Lebensraum wieder „insektenfreundlicher“ gestalten. Sonst zerstören wir langfristig unsere Lebensgrundlage.

2. Borcherts Kurzgeschichte zeigt auf eindringliche Weise, wie unterschiedlich Menschen mit einer belastenden Situation umgehen können. Während Timm sich Gedanken darüber macht, ob er gegenüber seinem Kameraden schuldig geworden ist, womöglich sogar dessen Tod verschuldet hat, schaut sein Freund einfach nach vorn. Er wird nicht lange darüber grübeln, ob er einen Fehler gemacht hat oder womöglich sogar Schuld auf sich geladen hat. Allerdings ist Timm mir sympathischer. Menschen, die einfach zur Tagesordnung übergehen, nachdem sie einen Fehler gemacht haben, gefallen mir nicht. Nicht ohne Grund hat der Erzähler Timm einen Namen gegeben. Das zeigt, dass er ihn als Individuum ansieht. Dagegen bleibt sein Freund anonym; er ist einer von vielen.

Den Aufsatz überzeugend gestalten

Übung 58

1. Hirnforscher haben die Entdeckung gemacht, dass die Kaufentscheidung eine Abwägungssache ist, bei der Kosten und Nutzen analysiert werden. Für Jugendliche liegt ein Nutzen von Markenbekleidung z. B. darin, zu einer Gruppe dazuzugehören. Natürlich spielt auch der Preis eine Rolle. Aber: „Jugendlichen ist die Anerkennung in der Gruppe sehr viel wert", erklärt/erläutert ein Psychologe, „daher sind sie bereit, ihr ganzes Taschengeld dafür auszugeben."

2. Jugendliche finden auch deshalb Markenklamotten toll, weil sie ihren prominenten Idolen nacheifern wollen. Indem Promis, die bei jungen Leuten gerade in sind, für bestimmte Marken werben, wird den Jugendlichen vermittelt, dass sie ihren Vorbildern ähnlich werden, wenn sie diese Sachen kaufen. Daher werden z. B. erfolgreiche Fußballer zu Werbeträgern für Sportbekleidung oder sexy Sängerinnen zu Models für Damenmode.

   Markenkleidung
   gut/begehrenswert
   Prominente (verkürzt!)
   beliebt/in Mode/gefragt/populär
   Kleidungsstücke/Produkte
   Fußballspieler (verkürzt!)
   attraktive/hübsche

3. **SINUS-Studie u 18:**
   Die Absicht der Studie war es, die Generation der 14- bis 17-Jährigen genau zu beschreiben. Die Studie (**Sie**) sollte insbesondere das Milieu analysieren, in dem die Generation der 14- bis 17-Jährigen (**diese Altersgruppe**) aufwächst. Mithilfe von offenen Interviews, schriftlichen Erzeugnissen und Fotografien wurde analysiert (**untersucht/erforscht**), wie Jugendliche denken und handeln. Dabei war auch die Frage relevant, was Jugendliche (**sie/diese/die jungen Leute**) über Konsumgüter, wie z. B. Markenkleidung, denken (**von … halten**).

4. a) Den befragten Jugendlichen war der Begriff „kritischer Konsum", der auch „nachhaltiger" oder „strategischer Konsum" genannt wird, kaum bekannt.

   b) Das Konzept beinhaltet, dass man sich mit ethischen, sozialen und ökologischen Folgen und Bedingungen der Produktion auseinandersetzt, bevor man sich für ein Produkt entscheidet.

c) Jugendliche würden ihr Verhalten eher beim Lebensmitteleinkauf als beim Kauf von Mode ändern. Das liegt unter anderem daran, dass es kaum fair produzierte Kleidung gibt, die ihrem bevorzugten Modestil entspricht.

Übung 59

1. a) Frische **Lebensmittel sind nährstoffreicher** als **Fastfood**. (**vgl.** Z. x)
   b) Für **junge Leute/Heranwachsende ist** das Markenlabel auf ihrer **Kleidung/Bekleidung** auch **Ausdruck** ihrer Identität. (**vgl.** Z. x)

2. a)

„Jugendliche drücken ihre Identität z. B. auch mit dem Markenlabel auf ihren T-Shirts oder Pullovern aus." (Z. x)	Es ist gesünder, frisches Obst zu essen oder selbst zu kochen, als Fastfood und Fertigprodukte zu sich zu nehmen.
„Der Urlaub mit dem Auto oder Flugzeug beeinflusst das Klima negativ." (Z. x)	Ein bestimmter Kleidungsstil ist oftmals Voraussetzung, um einer Gruppe beitreten zu dürfen.
„Frische Nahrungsmittel enthalten mehr Nährstoffe als Pizza, Burger und Pommes." (Z. x)	Jugendliche legen viel Wert auf Markenbekleidung.
„An der Kleidung kann man häufig ablesen, zu welcher Clique ein Jugendlicher gehört." (Z. x)	Ein klimafreundlicher Einkauf bedeutet, bei frischen Lebensmitteln darauf zu achten, dass sie aus der Region stammen.
„Beim Import von Südfrüchten wie Ananas oder Bananen entstehen aufgrund der weiten Transportwege viele Treibhausgase." (Z. x)	Wenn jeder Einzelne darauf achtet, mit welchem Verkehrsmittel er verreist, kann er einen Beitrag zum Klimaschutz leisten.

b) „Jugendliche drücken ihre Identität z. B. auch mit dem Markenlabel auf ihren T-Shirts oder Pullovern aus." (Z. x) Das erklärt, warum sie in diesem Alter so viel Wert auf Markenbekleidung legen.

„Der Urlaub mit dem Auto oder Flugzeug beeinflusst das Klima negativ" (Z. x) Das zeigt, dass jeder Einzelne einen Beitrag zum Klimaschutz leisten kann, wenn er darauf achtet, mit welchem Verkehrsmittel er verreist.

Dass es gesünder ist, frisches Obst zu essen oder selbst zu kochen, als Fastfood und Fertigprodukte zu sich zu nehmen, liegt unter anderem am Nährstoffgehalt der Produkte. So heißt es: „Frische Nahrungsmittel enthalten mehr Nährstoffe als Pizza, Burger und Pommes." (Z. x)

„An der Kleidung kann man häufig ablesen, zu welcher Clique ein Jugendlicher gehört" (Z. x), denn ein bestimmter Kleidungsstil ist oftmals Voraussetzung, um einer Gruppe beitreten zu dürfen.

„Beim Import von Südfrüchten wie Ananas oder Bananen entstehen aufgrund der weiten Transportwege viele Treibhausgase." (Z. x) Daran wird deutlich, dass ein klimafreundlicher Einkauf bedeutet, darauf zu achtet, dass die frischen Lebensmittel aus der Region stammen.

Übung 60

1.

	Konjunktiv I	**Konjunktiv II**	**Umschreibung mit *würde***
ich	sei, ~~habe~~, ~~werde~~	hätte, würde	
du	sei(e)st, habest, werdest		
er/sie/es	sei, habe, werde		
wir	seien, ~~haben~~, ~~werden~~	hätten, würden	
ihr	seiet, habet, ~~werdet~~	würdet	
sie	seien, ~~haben~~, ~~werden~~	hätten, würden	

2.

Der Verfasser erläutert:	Der Verfasser erläutert,
„Das Markenbewusstsein von Jugendlichen steigt stetig an."	das Markenbewusstsein von Jugendlichen steige stetig an.
„Das ist sogar schon in Grundschulen zu beobachten."	das sei sogar schon in Grundschulen zu beobachten.
„Allerdings geht das nicht von den Grundschülern selbst aus."	das gehe allerdings nicht von den Grundschülern selbst aus.
„Vielmehr liegt es an den Eltern, die ihre Kinder dahingehend beeinflussen."	vielmehr liege es an den Eltern, die ihre Kinder dahingehend beeinflussen würden.
„Indem sie selbst Wert auf Markenkleidung legen, vermitteln sie ihren Kindern dieses Markenbewusstsein."	indem sie selbst Wert auf Markenkleidung legen würden, würden sie ihren Kindern dieses Markenbewusstsein vermitteln.

3. Zu Beginn des Textes **beschreibt** der Verfasser, wie sich das Markenbewusstsein der Kinder und Jugendlichen **verändert hat**. Seiner Auffassung nach, **seien** die Eltern dafür verantwortlich, dass bereits Grundschüler ein gewisses Markenbewusstsein **entwickeln würden**. Im Folgenden **heißt** es allerdings, der Hauptgrund für Mobbing in der Grundschule **sei** nicht die fehlende Markenbekleidung, sondern der Übertritt auf das Gymnasium. Dieser **hänge** aber häufig mit der finanziellen Situation der Eltern zusammen, die sich wiederum in der Bekleidung der Kinder **widerspiegle**.

Hinweis: *Achte darauf, was Tatsachen sind (Indikativ) und wann die Meinung des Verfassers wiedergegeben wird (Konjunktiv).*

Richtig schreiben

Übung 61

Damit die Erde auch für zukünftige Generationen erhalten bleibt, mü**ss**en dr**i**ngend Ma**ß**nahmen für den Umweltschu**tz** ergri**ff**en werden. Jeder Einzelne kann einen Beitra**g** leisten, indem er beim Einkauf auf Nachhaltigkeit achtet. Es w**ä**re falsch zu glauben, dass man als Konsument nichts bew**i**rken kann, de**nn** die Nachfrage besti**mm**t das Angebot. Im Mo**m**ent gibt es z. B. kaum Kleidungsstü**ck**e, die fair und nachhaltig hergeste**ll**t werden, was auch daran l**ie**gt, dass zu wenig Menschen bei **ih**rer Kaufentscheidung auf die Produktionsbed**i**ngungen achten. Sobald sich das Kaufverhalten der Kunden **ä**ndert, werden auch die Untern**eh**men gezwungen, die Produktion entsprechen**d** anzupa**ss**en.

Übung 62

Bedeutet teuer auch gut?

Leider lässt sich **das** (D) nicht so einfach beantworten, da **das** (D) von vielen Faktoren abhängt. Es gibt keine Garantie dafür, **dass** (K) **das** (A) zusätzliche Geld, **das** (R) wir z. B. für Markenkleidung ausgeben, auch bei den Näherinnen ankommt. Es ist viel mehr so, **dass** (K) gerade die großen Modeketten einen hohen Prozentsatz ihres Umsatzes für die Marken- und Imagepflege ausgeben. Auch **das** (A) im Kragen eingenähte Etikett, auf dem z. B. die Herkunftsbezeichnung „Made in Spain" steht, lässt nicht erkennen, ob **das** (A) Unternehmen bei der Herstellung wirklich faire Löhne bezahlt. Denn **das** (D) bedeutet noch lange nicht, **dass** (K) die ganze Produktion in Spanien stattfindet. **Das** (A) Material, z. B. die Stoffe, aus dem **das** (A) T-Shirt geschneidert wird, können trotzdem in Bangladesch oder China gewebt, gefärbt oder zugeschnitten worden sein.

Übung 63

1. Sehr [3] geehrter Autor [1],

   Ihr [6] Artikel [1] „Bedeutet [5] teuer auch gut?“, hat mich zum Nachdenken [2] angeregt. Bisher [3] dachte ich, ich könnte mich darauf verlassen, dass die Kleidungsstücke [1], auf denen ein europäisches Land [1] als Herstellungsort [1] angegeben ist, fair produziert werden. Ich [3] bin der Auffassung [1], die Europäische Union [4] sollte dafür sorgen, dass nur dort Europa [4] draufstehen darf, wo auch von Anfang [1] an, d. h. vom Garn [1] bis zum fertigen T-Shirt [1], Europa [4] drinsteckt. Das [3] würde es auch beim Einkaufen [2] erleichtern, auf Nachhaltigkeit [1] und faire Löhne [1] zu achten.

   Mit [3] freundlichen Grüßen [1]

   Peter Müller [4]

2. Man sollte nicht nur das Für und Wider einer EU-weiten Regelung abwägen, sondern neben dem Ob unbedingt auch das Wie diskutieren.

Übung 64

1. a) Die Hersteller wollen alle Anklagepunkte ~~*schön reden*~~/*schönreden*.
   Professionelle Sprecher können schön reden.

   b) Der Anwalt hat seine Rede vor Gericht *frei gesprochen*/~~*freigesprochen*~~.
   Der Angeklagte wurde freigesprochen.

   c) Die Entscheidung ist den Richtern aber ~~*schwer gefallen*~~/*schwergefallen*.
   Der Mann hat sich das Bein gebrochen, als er schwer gefallen ist.

2. DIE | POLITIK | MUSS | SICH | SCHNELLSTMÖGLICH | MIT | DEM | THEMA | DER | NACHHALTIGKEIT | IN | DER | TEXTIL INDUSTRIE | AUSEINANDERSETZEN. | ABER | AUCH | DIE | KONSUMENTEN | SOLLTEN | SICH | BEWUSSTMACHEN, | WIE | VIEL | SIE | DURCH | EINEN | VEANTWORTUNGSVOL LEN | KLEIDUNGSKAUF | BEWRIKEN | KÖNNEN. | EINE | NAHELIEGENDE | MÖGLICHKEIT | WÄRE, | BEIM | NÄCHS

TEN|EINKAUF|AUF|DIE|ENTSPRECHENDEN|NACHHA
LTIGKEITSSIEGEL|ACHTZUGEBEN.

Übung 65

1. Durch die Kommasetzung verändert sich der Sinn der Aussage: Im ersten Satz sagen die Schüler über die Lehrer, dass diese es gut hätten. Im zweiten Satz behaupten die Lehrer das gleiche stattdessen über die Schüler.

2.

Ich kann den Markenwahn, vor allem vieler	Erläuterung
Jugendlicher, nicht verstehen, das will ich	Erläuterung, Satzreihe
auch nicht. Es ist meiner Ansicht nach nicht	
wichtig, ob z. B. Adidas, Nike oder gar nichts	Satzgefüge, Aufzählung
auf einem T-Shirt steht, sondern vielmehr	Gegensatz
die Qualität und Passform der Kleidung.	
Ich habe mir vorgenommen, zukünftig auch	Infinitiv
darauf zu achten, dass bei der Produktion	Satzgefüge
weder die Umwelt belastet wird noch die	
Arbeiter ausgebeutet werden. Das sollten	
wir alle tun, auch du, lieber Leser.	Erläuterung, Anrede

Übung 66

In den Medien, wurde in letzter Zeit, immer wieder, über erneuerbare Energien, oder den nachhaltigen Anbau von Lebensmitteln berichtet. Deshalb sind die Menschen, relativ gut darüber informiert. Bei der Textilindustrie, sieht die Sache anders aus. Man erfährt nur dann etwas über die Produktionsbedingungen, wenn es zu einer Katastrophe mit vielen Todesopfern kommt, so wie 2013 in Bangladesch, als eine Textilfabrik einstürzte. Laut Angaben von Menschenrechtlern, herrschen dort noch immer unwürdige Arbeitsbedingungen. Nach anfänglichem Zögern, zieht daraus auch der deutsche Textilhandel Konsequenzen.

▶ Lösungen Übungsaufgaben im Stil der Abschlussprüfung

Übungsaufgabe 1

Erörterung ohne Informationsmaterial

Die Zahl übergewichtiger Kinder und Jugendlicher nimmt weiter zu. Erörtere mögliche Ursachen dafür. Welche Maßnahmen können helfen, Übergewicht zu vermeiden?

Hinweise zur Erschließung des Themas

Sowohl der Themabegriff „Übergewicht“ als auch die Einschränkung bei „Kinder[n] und Jugendliche[n]“ werden bereits im Vorspann genannt. Der Erörterungsauftrag ist zweigliedrig: Er fragt einerseits nach den Ursachen für Übergewicht bei Kindern und Jugendlichen und andererseits nach möglichen Maßnahmen, die dabei helfen können, dieses Problem zu vermeiden.

Themabegriff	Übergewicht
Einschränkung	bei Kindern und Jugendlichen
Präzisierung	Ursachen für Übergewicht; Maßnahmen zur Vermeidung
Erörterungsauftrag zweigliedrig	1. Welche Ursachen sind für Übergewicht bei Kindern und Jugendlichen verantwortlich? 2. Welche Maßnahmen können helfen, Übergewicht zu vermeiden?

Stoffsammlung und Strukturierung

Überlegungen zur Einleitung

Zunächst ist es sinnvoll, in der Einleitung zu klären, was der Begriff „Übergewicht“ bedeutet. Dabei ist natürlich keine streng wissenschaftliche Definition nötig. Es wird also nicht von dir verlangt, genau festzulegen, ab wann jemand als dick bzw. übergewichtig gilt. Falls du aktuelle Studien kennst, wie viele Kinder und Jugendliche in Deutschland durchschnittlich unter Übergewicht leiden, ließe sich auch darüber gut zum Thema hinleiten.

Überlegungen zur ersten Themafrage – Welche Ursachen sind für Übergewicht bei Kindern und Jugendlichen verantwortlich?

Beim Sammeln von Ideen kannst du auf deine eigenen Erfahrungen zurückgreifen, denn in fast jeder Klasse gibt es Schüler, die zu viel Gewicht auf die Waage

bringen. Möglicherweise bist du auch selbst betroffen. Dies ist ein erster Anhaltspunkt, um herauszufinden, welche Ursachen für Übergewicht verantwortlich sind. Eventuell kennst du die Gewohnheiten betroffener Mitschüler bzw. deine eigenen, die Übergewicht begünstigen können.
Diese Überlegungen sind bereits Teil der **Ursachenforschung**. Stelle dir die Frage: „Wann nimmt man zu?“ Die Antwort lautet: Wenn die Menge der aufgenommenen Kalorien (Kilojoule) die Zahl der täglich verbrauchten Kalorien übertrifft, bildet der Körper Fettreserven und man nimmt zu. Aus dieser Erkenntnis lassen sich die **beiden Hauptursachen** von Übergewicht ableiten, nämlich zum einen **falsche Ernährung** und zum anderen **Bewegungsmangel**. Überlege nun, welche Faktoren dabei eine Rolle spielen. Beide Bereiche hängen in der Regel eng miteinander zusammen: Durch falsche Ernährung wird dem Körper zu viel Energie zugeführt und durch mangelnde Bewegung zu wenig Energie verbraucht. Stellt man sich außerdem die Frage, warum Kinder oder Jugendliche zu viel bzw. falsch essen oder sich zu wenig bewegen, stößt man auf eine dritte Ursache für Übergewicht, nämlich Stress bzw. psychische Probleme. Die Auswirkungen von Stress und Problemen psychischer Art lassen sich aber in die zwei Hauptursachenfelder einordnen: Wenn jemand aus Frust übermäßig viele Süßigkeiten isst, dann ernährt er sich schlecht. Und einige psychisch bedingte Verhaltensweisen können zu Bewegungsmangel führen, zum Beispiel, wenn jemand aufgrund von Unsicherheit oder fehlenden Freundschaften lieber zu Hause vor dem Fernseher oder Computer sitzt, anstatt beispielsweise mit Freunden Fußball zu spielen.

Überlegungen zur zweiten Themafrage – Welche Maßnahmen können helfen, Übergewicht zu vermeiden?

Es gibt Möglichkeiten, dem Übergewicht entgegenzuwirken. Orientiere dich bei der Darstellung geeigneter Maßnahmen zur Vermeidung von Übergewicht an den beiden Hauptursachen des Problems: Wie kann man seine Essgewohnheiten verbessern und wie kann man dem Bewegungsmangel vorbeugen? Es liegt auf der Hand, dass vor allem der Betroffene selbst dazu aufgerufen ist, entsprechende Maßnahmen gegen das Übergewicht einzuleiten. Zudem ist es aber auch sinnvoll, sich zusätzlich Hilfe von außen zu holen. Infrage kommt hier Hilfe aus den Bereichen Familie (Erziehung), Schule, Medien und Gesellschaft. Auch die Nahrungsmittelindustrie kann genannt werden, falls du hier über zusätzliches Wissen verfügst. Diese könnte einen Beitrag leisten, indem sie bei der Herstellung ihrer Produkte auf Geschmacksverstärker und künstliche Aromen verzichten sowie den Fett- und Zuckergehalt darin möglichst gering halten würde.

Überlegungen zum Schluss

Eine Möglichkeit für einen Schlussgedanken wäre, darauf hinzuweisen, dass Übergewicht weder Anlass sein sollte, als Betroffener an seinem Selbstwert zu zweifeln, noch, übergewichtige Menschen deswegen zu diskriminieren. Diskriminierendes Verhalten kann dazu führen, dass Übergewichtige in einen Teufelskreis geraten und noch weiter zunehmen. Eine weitere Idee für einen Schlussgedanken wäre, darauf einzugehen, dass übertriebenes Abnehmen und das Verfallen in einen „Schlankheitswahn“ ebenso wenig wünschenswert und ungesund wären wie Übergewicht.

Leitfragen zur Stoffsammlung

1. Wie entsteht Übergewicht?
2. Welche Faktoren bei den Ernährungsgewohnheiten sind verantwortlich?
3. Wieso kommt es bei Kindern und Jugendlichen zu Bewegungsmangel?
4. Welche Maßnahmen können zur Vermeidung bzw. zum Abbau von Übergewicht beitragen?
5. Was kann der Betroffene tun?
6. Wer kann von außen Hilfe, Unterstützung, Wissen vermitteln?
7. Wie können Schule, Medien, Erziehung, Gesellschaft helfen?

Gliederungsvorschlag

Hinweis: *Der nachfolgende Gliederungsvorschlag ist sehr umfangreich, damit du eine Vorstellung davon erhältst, auf welche Aspekte du bei der Bearbeitung des Themas eingehen kannst. In der Prüfung genügt es, wenn du weniger Unterpunkte anführst bzw. wenn einzelne Oberpunkte bei der Beantwortung der zweiten Themafrage (Gegenmaßnahmen) entfallen. Die Gliederungspunkte zu Einleitung, Hauptteil und Schluss kannst du auch im Nominalstil, statt wie hier im Verbalstil, verfassen. Denke aber unbedingt daran, den einmal gewählten Sprachstil konsequent beizubehalten.*

A. Nahezu jedes dritte Kind liegt außerhalb seines Normalgewichts

B. Welche Ursachen führen bei Kindern und Jugendlichen zu Übergewicht? Welche Maßnahmen können helfen, es zu vermeiden?

1 Ursachen für Übergewicht bei Kindern und Jugendlichen

1.1 Falsche Essgewohnheiten als Auslöser

1.1.1 Fettreiches Fastfood und Fertiggerichte
1.1.2 Kohlenhydratreiche Süßigkeiten und Snacks
1.1.3 Kalorienreiche Getränke und Alkohol
1.1.4 Essen aus Frust

1.2 Bewegungsmangel als Auslöser

1.2.1 Mängel im Sportunterricht
1.2.2 Mangel an bewegungsorientierter Freizeitgestaltung
1.2.3 Dominanz von Fernsehen, Computer und PC-Spielen
1.2.4 Fehlende soziale Kontakte

2 Mögliche Gegenmaßnahmen

2.1 Maßnahmen durch den Einzelnen

2.1.1 Maßvoller Umgang mit „Dickmachern"
2.1.2 Aktive Mitgliedschaft in einem Sportverein
2.1.3 Pflege sozialer Kontakte
2.1.4 Maßvolle Nutzung von Computern und Unterhaltungsmedien

2.2 Maßnahmen durch die Familie

2.2.1 Eltern als Vorbild
2.2.2 Anregung zu Freizeitaktivitäten im Freien
2.2.3 Motivation zu sportlicher Betätigung

2.3 Maßnahmen durch die Schulen

2.3.1 Attraktiver Sportunterricht
2.3.2 Projekte zum Thema Ernährung
2.3.3 „Gesunder" Pausenverkauf

2.4 Maßnahmen durch die Medien

2.4.1 Verstärkung der Aufklärungsmaßnahmen
2.4.2 Beschränkung der Werbung für Fastfood und Süßigkeiten

C. Das Reduzieren des Übergewichts darf nicht dazu führen, dass man dem „Schlankheitswahn" verfällt und sich „krank hungert"

Aufsatzbeispiel

Nach Erkenntnissen der Bundeszentrale für gesundheitliche Aufklärung liegt das Gewicht von einem Drittel aller 11- bis 15-Jährigen außerhalb ihres Normalgewichts. Das Normalgewicht lässt sich mithilfe des sogenannten BMI (= Body Mass Index) bestimmen, der Körpergewicht und Körpergröße ins Verhältnis setzt. Je nach Alter und Geschlecht des Kindes oder Jugendlichen wird dabei ein entsprechender Normalwert errechnet. Immer häufiger liegen Kinder und Jugendliche allerdings weit über ihrem Normalwert. Viele der Betroffenen leiden darunter. Vor diesem Hintergrund stellt sich die Frage nach den Ursachen für das Übergewicht bei Kindern und Jugendlichen und danach, welche Maßnahmen ergriffen werden können, die dabei helfen, diesem Problem zu begegnen. **A.**

Als Hauptursachen lassen sich zum einen falsche Essgewohnheiten **B. 1**
und zum anderen Bewegungsmangel feststellen. Bei falschem Essverhalten spielt nicht nur die Menge, sondern auch die Zusammen- 1.1
setzung der Nahrung eine große Rolle. Nahrungsmittel bestehen 1.1.1
hauptsächlich aus Kohlenhydraten, Eiweiß und Fett. Fett beispielsweise nimmt man in großer Menge beim Verzehr von Fastfood oder Fertiggerichten zu sich. Wenn der Energiebedarf des Körpers allerdings bereits gedeckt ist, speichert der Körper dieses Fett in Form von „Fettpölsterchen" als Reserve für „schlechte Zeiten". Ein großer Teil der in Burger-Restaurants angebotenen Gerichte, aber auch die beliebte Pizza, die Portion Pommes frites oder die Kartoffelchips, die man zwischendurch isst, führen dazu, dass der Körper überschüssiges Fett in solchen Fettdepots einlagert.

Was für zu fettreiche Nahrungsmittel gilt, trifft ebenfalls auf stark 1.1.2
kohlenhydrathaltige Lebensmittel zu, gemeint sind hier vor allem Lebensmittel, die größtenteils aus einfachen Kohlenhydraten bestehen, nämlich Süßigkeiten wie Kuchen, Schokolade und Gummibärchen. Führt man dem Körper mehr Kohlenhydrate zu, als er zur Energiegewinnung verbrauchen kann, wird der Rest in Fett umgewandelt und wiederum gespeichert. Häufiges Naschen von Süßigkeiten oder Gebäck in der Pause, beim Fernsehen oder beim Computerspielen führt daher bei vielen Kindern und Jugendlichen zu Übergewicht.

Ähnlich verhält es sich mit stark zuckerhaltigen Getränken oder Alkohol. Unabhängig von den bekannten gesundheitsschädlichen Wirkungen enthält beides auch eine große Menge an Kalorien, die der Stoffwechsel zusätzlich zur üblichen Nahrung verwerten muss. Auch diese Kohlenhydrate werden in Fett umgewandelt und gespeichert, wenn der Energiebedarf des Körpers bereits gedeckt ist. Schon ein halber Liter Bier enthält rund 200 Kalorien, ähnlich wie eine Cola oder ein Energydrink. Auch Fruchtsäfte sind sehr kalorienreich, da sie viel Fruchtzucker enthalten. Daher sollten Eltern darauf achten, dass ihre Kinder in der Schule und zu Hause in der Regel Wasser oder ungesüßten Tee trinken. 1.1.3

Erwachsen werden ist nicht immer leicht. In dieser Zeit erleben Jugendliche erste große Enttäuschungen oder sind häufig Stimmungsschwankungen unterworfen. Oft führt der Frust dann dazu, dass sie versuchen, unschöne Erlebnisse zu verdrängen, indem sie mehr essen. Süßigkeiten, vor allem Schokolade, sind beliebte Mittel, sich bei Frust ein wenig abzulenken. Allerdings ist die Wirkung nur von kurzer Dauer und so greifen sie immer wieder zu diesem Trostspender. Essen löst die Probleme aber nicht, sondern erzeugt durch daraus resultierendes Übergewicht letztlich sogar neuen Frust. 1.1.4

Die zweite Hauptursache ist der weitverbreitete Bewegungsmangel 1.2
unter Kindern und Jugendlichen. Dafür können auch Mängel im Sportunterricht verantwortlich gemacht werden. Experten sind sich einig, dass zwei Sportstunden pro Woche einfach zu wenig sind. Teilweise ist aber auch die Gestaltung des Unterrichts die Ursache dafür, dass sich Jugendliche nicht gerne bewegen. So gibt es selten zusätzlichen differenzierten Sportunterricht oder ein umfangreiches Wahlfachangebot an verschiedenen Sportarten, um die Schüler zur Bewegung zu motivieren. 1.2.1

Oftmals ist jedoch auch die Freizeitgestaltung der Kinder und Jugendlichen die Ursache für den Bewegungsmangel. Immer seltener treffen sie sich draußen, um sich sportlich zu betätigen oder um einfach nur etwas zu unternehmen. Beispielsweise lassen sich viele Kinder und Jugendliche lieber mit dem Auto zum Kino bringen, als selbst mit dem Fahrrad zu fahren. Auch fehlen häufig öffentlich zugängliche 1.2.2

Sport- oder Bolzplätze, sodass sportliche Betätigung oft nicht außerhalb von Vereinen möglich ist. Dies erschwert eine aktive Freizeitgestaltung noch zusätzlich und trägt so zum Problem bei.
Hinzu kommt auch, dass viele Freizeitbeschäftigungen von Kindern 1.2.3
und Jugendlichen im Sitzen ablaufen. Viele von ihnen verbringen die meiste Zeit des Tages vor dem Fernseher, dem PC oder der Spielekonsole. Dabei spielt körperliche Aktivität keine Rolle und das Naschen nebenher wird ebenfalls gefördert. Dadurch wird Übergewicht in doppelter Hinsicht begünstigt, da sich diese Art der Freizeitgestaltung sowohl auf die Ernährung als auch die Bewegung auswirkt.
Schließlich können aber auch fehlende soziale Kontakte zu Bewe- 1.2.4
gungsmangel führen. Wenn man nur wenige Freunde hat, fehlt häufig der Antrieb, auch etwas allein zu unternehmen. Dann bleiben die Kinder und Jugendlichen lieber zu Hause und sitzen beispielsweise stundenlang vor dem Fernseher. Fatalerweise werden gerade dicke Kinder oft verspottet, wodurch sich das Problem Übergewicht verstärkt, wenn sie keinen Anschluss an Freunde haben.
Die Ursachen für Übergewicht bei Kindern und Jugendlichen sowie **B. 2**
die Folgen verlangen nach Gegenmaßnahmen, mit deren Hilfe man 2.1
dem Problem begegnen kann. Sicherlich ist zunächst jeder Einzelne 2.1.1
dazu aufgerufen, etwas für seine Gesundheit zu tun. Als Erstes ist ein maßvoller Umgang mit kalorienreichen Lebensmitteln zu nennen. Schon in Kindergarten und Schule wird man über gesunde und ausgewogene Ernährung aufgeklärt und weiß eigentlich, dass der Körper überzählige Kalorien als Fettdepot für vermeintliche Notzeiten speichert. Nun muss das nicht heißen, dass man auf jeglichen Genuss verzichten soll, dass man kein Eis mehr essen darf oder keine Pommes frites. Es kommt immer auf die Menge an und darauf, ob man solche „Energiebomben" regelmäßig zu sich nimmt.
Zusätzlich kann man aber den Energieumsatz des Körpers erhöhen 2.1.2
und gleichzeitig etwas für die Fitness tun, wenn man einem Sportverein beitritt, um aktiv eine Sportart zu betreiben. Vielen Menschen fällt es leichter, sich in der Gruppe sportlich zu betätigen bzw. feste Trainingszeiten einhalten zu müssen, anstatt sich nach einem anstrengenden Tag zu motivieren, noch allein eine Runde zu joggen. Durch den Verein kann man zudem neue Freundschaften schließen, mit denen man auch seine übrige Freizeit aktiver gestalten kann.

Die Pflege sowohl alter als auch neuer sozialer Kontakte spielt näm- 2.1.3
lich ebenfalls eine wesentliche Rolle. Denn dabei ergeben sich häufig Möglichkeiten, sich im Freien zu bewegen. Viele aktive Freizeitbeschäftigungen machen in der Gruppe mehr Spaß, ob es Fahrrad fahren ist oder einfach nur spazieren gehen. Ohne zusätzliche Anstrengung bzw. ohne es zu merken, steigt auf diese Weise der Kalorienverbrauch und die Gefahr des Übergewichts sinkt.

Ähnlich wie mit den kalorienreichen Lebensmitteln verhält es sich 2.1.4
auch mit der maßvollen Nutzung von Computern und Unterhaltungsmedien. Grundsätzlich sollte jeder darauf achten, dass er nicht zu lange vor dem Bildschirm sitzt. Beispielsweise könnte man das Fernsehen zeitlich begrenzen oder die Arbeit am Computer immer wieder unterbrechen, um sich zu bewegen. Dies wirkt sich nicht nur positiv auf den Körper, sondern auch auf die Konzentrationsfähigkeit aus.

Nicht nur der Einzelne kann etwas zur Bekämpfung oder Verhinde- 2.2
rung von Übergewicht beitragen. Gerade Eltern sollten ihren Kindern 2.2.1
ein Vorbild sein und durch das eigene Essverhalten und durch Interesse an Sport und Bewegung mit gutem Beispiel vorangehen. Mein Vater sitzt während seiner Bürotätigkeit sehr viel vor dem Computer und muss häufig Überstunden machen, dennoch nimmt er sich regelmäßig Zeit, um am Feierabend oder am Wochenende eine Stunde zu schwimmen. So findet er den nötigen Abstand zu den beruflichen Verpflichtungen und tut gleichzeitig etwas für seine Gesundheit.

Eltern sind ihren Kindern aber nicht nur ein Vorbild, sondern sollten 2.2.2
sie auch dazu anzuregen, ihre Freizeit möglichst oft im Freien zu verbringen. Denn Aktivitäten im Freien sind in aller Regel auch mit Bewegung verbunden, die den Kalorienverbrauch erhöht. So sollten die Eltern es auch akzeptieren, wenn ihre Kinder einmal mit schmutziger Kleidung vom Spielplatz oder der Skateranlage nach Hause kommen. Fast jede Freizeitaktivität im Freien bringt Bewegung und ist daher der Beschäftigung vor dem Fernseher oder PC vorzuziehen.

Wichtig ist auch, dass Eltern ihre Kinder zu sportlicher Betätigung 2.2.3
motivieren, denn jeder Mensch, der Sport treibt, tut etwas für seinen Körper und auch für seine persönliche Entwicklung. Das heißt aber auch, dass nicht die Eltern die Sportart für das Kind aussuchen und einen hohen Erwartungsdruck aufbauen, sondern dem Kind oder Ju-

gendlichen die Entscheidungsfreiheit lassen und auch ungewöhnlichere Betätigungen, wie zum Beispiel Klettern im Klettergarten, ermöglichen.

Neben den Eltern kommt auch der Schule und hier besonders dem 2.3
Sportunterricht eine bedeutende Rolle zu, Kindern und Jugendlichen 2.3.1
dabei zu helfen, Übergewicht zu vermeiden bzw. zu reduzieren. Oft sind gerade die Sportstunden bei den Schülern wenig beliebt und werden als unangenehme Pflichtaufgabe gesehen. Dies trifft besonders auf übergewichtige Schüler zu, die durch ihr Gewicht bei einigen Sportarten Schwierigkeiten haben und sich daher im Sportunterricht vor der Klasse bloßgestellt fühlen. Die Einbeziehung von Schülerinteressen in den Unterricht, abwechslungsreiche Mannschaftsspiele, anstatt immer nur Fußball, Sportprojekttage mit ausgefallenen Sportarten usw. würden die Motivation wesentlich erhöhen. Ein attraktiver Sportunterricht ist daher ein bedeutsamer Bestandteil, um bei Kindern und Jugendlichen Freude an der Bewegung zu wecken.

Als Ergänzung zum Unterricht bieten sich an den Schulen auch Pro- 2.3.2
jekte zum Thema Ernährung an. Oft bleibt das Wissen über die Zusammenhänge des Stoffwechsels oder die Bestandteile der Nahrung in der Theorie stecken. Praktische Anschauung, indem Schüler selber kochen, gesunde Nahrungsmittel probieren oder die Zusammensetzung von Fertiggerichten kennenlernen, ist hier ebenso hilfreich wie ein Geschmackstest, bei dem Schülern der Unterschied zwischen künstlichen Aromen und natürlichen Lebensmitteln vorgeführt wird.

Schließlich trägt ein „gesunder" Pausenverkauf zu einer bewussten 2.3.3
Ernährung bei. Wenn sich das Angebot auf Produkte beschränkt, die vor allem wenig Zucker und Fett beinhalten, oder wenn frisches Obst angeboten wird, besteht erst gar nicht die Verlockung, Süßes zu kaufen. So werden an unserer Schule seit Jahren in der Pause statt Süßigkeiten nur Vollkornbrötchen und Obst verkauft, wodurch sich die Ernährung in der Pause verbessert hat.

Letztendlich können aber auch die Medien ihren Beitrag zur Bewusst- 2.4
seinsbildung in Sachen gesunder Ernährung leisten, indem sie in Fern- 2.4.1
sehsendungen und Zeitschriftenartikeln über das Thema verständlich und sachlich richtig informieren. Gelungene Beispiele sind etwa ver-

schiedene Kochsendungen für Jugendliche, die auf gesunde und frische Küche Wert legen und somit Übergewicht entgegenwirken können.

Einen großen Teil der Verantwortung trägt auch die Werbung. Daher wäre zu überlegen, ob die Werbung für Fastfood und Süßigkeiten beschränkt werden sollte und ob auch hier – ähnlich wie in der Zigarettenwerbung – auf die Gefahren aufmerksam gemacht werden soll, damit sich die Käufer der schädlichen Wirkung bewusst werden. 2.4.2

Dennoch sollte bewusste Ernährung nicht bedeuten, dass der Wunsch abzunehmen überhandnimmt und man durch einseitige Diäten oder übertriebenes Fasten dem Körper schadet. Zu den Essstörungen gehört auch eine so ernste Krankheit wie Magersucht, die gerade unter Jugendlichen immer häufiger vorkommt und beweist, dass man sich auch „krank hungern“ kann. Auch beim Abnehmen kommt es wieder auf das richtige Maß an, denn wie ein bekanntes Sprichwort besagt: „Allein die Dosis macht das Gift.“ C.

Übungsaufgabe 2

Erörterung mit Informationsmaterial

Der demografische Wandel in Deutschland ist zu einem wichtigen Thema geworden. Erörtere die Ursachen des demografischen Wandels und stelle wesentliche Folgen für unsere Gesellschaft dar.

Hinweise zur Erschließung des Themas

Im Vorspann wird sowohl der Themabegriff „demografischer Wandel" als auch die Einschränkung „in Deutschland" genannt. Der Erörterungsauftrag ist zweigliedrig und fragt einerseits nach den Ursachen und andererseits nach den Folgen des demografischen Wandels für die deutsche Gesellschaft.

Themabegriff	demografischer Wandel
Einschränkung	in Deutschland
Erörterungsauftrag zweigliedrig	1. Welche Ursachen sind für den demografischen Wandel in Deutschland verantwortlich? 2. Welche Folgen hat der demografische Wandel für unsere Gesellschaft?

Stoffsammlung und Strukturierung

Der Ausgangspunkt für deine Stoffsammlung ist die Auswertung des vorliegenden Materials unter den Gesichtspunkten, die die beiden Erörterungsaufträge verlangen: Wo findest du Informationen zu den Ursachen des demografischen Wandels, die du für deine Argumentation, für treffende Behauptungen, Begründungen und Beispiele, verwenden kannst? Wo sind Informationen zu den Folgen für unsere Gesellschaft zu finden? Darüber hinaus solltest du die Materialien auch dahingehend überprüfen, ob Aspekte daraus für eine passende Einleitung oder einen abrundenden Schluss benutzt werden können. Daneben fließen deine eigenen Ideen zu Ursachen und Folgen des demografischen Wandels mit in die Stoffsammlung ein. Diese können sich auch daraus ergeben, dass du aus den Materialien weitere Erkenntnisse gewinnst. Bei der Frage nach den Ursachen kannst du dich an M 1 orientieren, da hier verschiedene Bereiche genannt sind, in denen es zu einer Veränderung in der Bevölkerungsentwicklung kommt. Genauso lassen sich aus den genannten Ursachen weitere Folgen ableiten.

Überlegungen zur Einleitung

Material 1 eignet sich sehr gut für eine Einleitung, da es eine Art Begriffsdefinition ist. Natürlich kannst du auch mit eigenen Ideen zum Thema hinführen.

Auswertung hinsichtlich der ersten Themafrage – Welche Ursachen sind für den demografischen Wandel in Deutschland verantwortlich?

Material 2 stellt den deutlichen Rückgang der Zahl junger Menschen dar und den starken Anstieg der Anzahl der über 65-Jährigen und alter Menschen von über 80 Jahren.

Aus **Material 4** erhältst du durch die Entwicklung der Haushaltsgrößen den wichtigen Hinweis, dass die Zahl der Single-Haushalte stetig steigt, ebenso die der Zwei-Personen-Haushalte, während Haushalte mit drei oder mehr Personen immer weniger werden. Dies lässt u. a. auf die deutliche Abnahme der Geburten in Deutschland schließen.

Einige Ursachen und Begründungen lassen sich aus **Material 5** gewinnen, nämlich dass Frauen immer später das erste Kind bekommen, dass die Zahl kinderloser Frauen ansteigt und dass die Lebenserwartung, insbesondere von Frauen, höher wird und somit ihr Anteil bei den Älteren steigt.

Material 7 veranschaulicht die niedrige Geburtenrate in Deutschland.

Auswertung hinsichtlich der zweiten Themafrage – Welche Folgen hat der demografische Wandel für unsere Gesellschaft?

Material 5 sagt als Ergebnis der Entwicklung einen erheblichen Rückgang der Einwohnerzahl in den nächsten 50 Jahren voraus. Daraus und aufgrund des steigenden Anteils älterer Menschen ergeben sich Folgen für das Gesundheits- und Pflegewesen, die in **Material 3** aufgezeigt werden: steigende Kosten, schlechtere Versorgung.

In **Material 6** werden Folgen für das System der Sozialversicherung dargestellt mit den Auswirkungen auf die Kranken-, Pflege- und Rentenversicherung. Diese werden auch begründet.

Material 8 thematisiert den zunehmenden Rückgang der Schülerzahlen, woraus sich ableiten lässt, dass es evtl. zu Schulschließungen kommen wird. **Material 9** und **10** führt zu den Folgen für die Arbeitswelt, die nicht nur im Fachkräftemangel bestehen. Die Karikatur mit der nicht mehr funktionierenden Produktionsmaschine kann dich zu eigenen Überlegungen anregen.

Gewinnung eigener Ideen

Die Definition (**Material 1**) liefert mit dem Hinweis „Anteile von Inländern, Ausländern, Eingebürgerten“ die Idee, dass ein Merkmal des demografischen Wandels auch ein zunehmender Anteil von Menschen mit Migrationshintergrund ist.
Aus den in **Material 3** genannten Zahlen zum Bedarf von Pflegeplätzen kann man als Folge auch einen zukünftigen Mangel an Pflegekräften ableiten.
Aus **Material 6** lässt sich schließen, dass das Rentenalter immer weiter steigen muss, um das Rentensystem halbwegs im Gleichgewicht zu halten.
Der mit **Material 8** gegebene Hinweis auf die Infrastruktur führt zur Frage, welche Folgen ein deutlicher Einwohnerrückgang auf sie haben wird. Zum Beispiel wird es viele leer stehende Wohnungen geben, die abgerissen werden müssen. Neben Schulen werden in Gebieten mit starkem Bevölkerungsrückgang auch andere Einrichtungen (Geschäfte, Freizeiteinrichtungen, Krankenhäuser usw.) schließen, weil sie nicht mehr rentabel sind. Somit verschlechtern sich die Lebensbedingungen in den Gebieten, die vom Bevölkerungsrückgang am meisten betroffen sind. Andererseits verursacht der Zuzug in Ballungsräume, die immer weiter wachsen, hohe Kosten für die Schaffung neuer Infrastruktur (Verkehr, Versorgung, Bildung).
Aus der Karikatur (**Material 10**) kannst du außerdem ableiten, dass der Fachkräftemangel auch die Produktion in der Industrie oder die Qualität der Produkte gefährden kann und somit Betriebe mit Verlusten rechnen müssen. Dies könnte möglicherweise zulasten von Arbeitsplätzen gehen.

Überlegungen zum Schlussgedanken

Hier wäre es z. B. möglich, zuerst kurz die Folgen des demografischen Wandels zusammenzufassen und damit zur Notwendigkeit von Gegenmaßnahmen überzuleiten. In diesem Zusammenhang könntest du auch thematisieren, wer die Hauptverantwortung für diese Maßnahmen trägt und an welcher Stelle die Verantwortlichen ansetzen könnten, um dem Problem zu begegnen.

Leitfragen zur Stoffsammlung

1. Was versteht man unter dem demografischen Wandel?
2. Welche Ursachen besitzt der demografische Wandel?
3. Mit welchen Folgen ist zu rechnen?
4. In welchen Bereichen werden diese Folgen spürbar?

Gliederungsvorschlag

Hinweis: *Die Gliederungspunkte zu Einleitung, Hauptteil und Schluss kannst du auch im Nominalstil verfassen. Denke aber daran, dass du einen Sprachstil konsequent beibehalten musst.*

A. Unter dem Begriff „demografischer Wandel" versteht man die Veränderungen in der Bevölkerungsentwicklung

B. Welche Ursachen sind für den demografischen Wandel in Deutschland verantwortlich und welche wesentlichen Folgen hat er für unsere Gesellschaft?

1 Ursachen für den demografischen Wandel in Deutschland

1.1 Steigender Anteil von Menschen mit Migrationshintergrund
1.2 Steigender Anteil älterer Menschen im Verhältnis zu den jüngeren Altersgruppen
1.3 Wachsender Anteil von Kinderlosen- und Single-Haushalten
1.4 Niedrige Geburtenrate
1.5 Steigende Lebenserwartung

2 Wesentliche Folgen des demografischen Wandels für die Gesellschaft

2.1 Folgen für das Gesundheits- und Pflegewesen und die Sozialversicherung
- 2.1.1 Starke Zunahme des Bedarfs an Pflegeplätzen
- 2.1.2 Mangel an Pflegekräften
- 2.1.3 Anstieg der Kranken- und Pflegeversicherungsbeiträge
- 2.1.4 Gefährdung des gesetzlichen Rentensystems

2.2 Folgen für die Infrastruktur
- 2.2.1 Abriss leer stehender Häuser und Stadtviertel
- 2.2.2 Schließung von Schulen
- 2.2.3 Verschlechterung der Lebensbedingungen
- 2.2.4 Steigende Kosten in Ballungsräumen mit Bevölkerungswachstum

2.3 Folgen für die Arbeitswelt
- 2.3.1 Mangel an qualifizierten Fachkräften
- 2.3.2 Negative Auswirkungen auf die Produktion und die Qualität der Erzeugnisse

C. Die Politik muss die Grundlagen schaffen, um die Ursachen zu bekämpfen und dadurch die Folgen abzumildern

Aufsatzbeispiel

Unter dem Begriff „demografischer Wandel“ versteht man die Ver- A.
änderungen in der Bevölkerungsentwicklung eines Landes. Laut Ma-
terial 1 werden Änderungen der Altersstruktur der Bevölkerung eben-
so erfasst wie das Zahlenverhältnis von Männern und Frauen. Auch
die Anteile der einheimischen Bevölkerung, von Ausländern und Ein-
gebürgerten spielen hierbei eine Rolle. Von großer Bedeutung ist au-
ßerdem die Entwicklung der Geburtenzahlen. Da die Bevölkerungs-
entwicklung in Deutschland großen Veränderungen unterliegt, stellt
sich die Frage nach den Ursachen des demografischen Wandels und
den Folgen, die daraus für die Gesellschaft entstehen.

Beim Blick auf die Ursachen ist zunächst der weiter steigende Anteil B. 1
an Menschen mit einem sogenannten Migrationshintergrund zu nen-
nen. Meines Wissens hat jeder zehnte in Deutschland Lebende einen
solchen Hintergrund. Das Land ist beispielsweise für Einwanderer 1.1
aus wirtschaftlich schwächeren EU-Ländern, die dort keine Arbeit
finden, zunehmend attraktiv geworden. Zusätzlich erhöhen Flücht-
linge aus Krisengebieten den Anteil der Menschen mit ausländischen
Wurzeln. Diese kommen z. B. nach Deutschland, um ein sicheres
Leben zu führen oder sich eine neue Zukunft aufzubauen. Die Ein-
wanderer sind meist jung und haben somit auch Einfluss auf die
Altersstruktur in Deutschland.

Eine weitere wichtige Ursache für den demografischen Wandel ist 1.2
der stetig steigende Anteil älterer Menschen im Vergleich zu den jün-
geren Altersgruppen. Material 2 zeigt einen kontinuierlichen Rück-
gang des Anteils der unter 20-Jährigen, während der Anteil der über
65-Jährigen seit 1871 stetig steigt und der Anteil der über 80-Jähri-
gen vor allem in der Zukunft deutlich größer werden wird. Fasst man
diese Entwicklung zusammen, ergibt sich für die Zukunft das, was
man „Überalterung der Gesellschaft“ nennt, da im Jahr 2060 die über
65- und über 80-Jährigen den größten Teil der Gesellschaft aus-
machen werden.

Im Zusammenhang mit der sich verändernden Bevölkerungsstruktur 1.3
ergibt sich noch ein Grund für die Entstehung des demografischen
Wandels. So kann man aus Material 4 ableiten, dass die Zahl der soge-
nannten Single-Haushalte beständig steigt und bis 2035 einen Anteil
von 44 Prozent erreichen wird. Auf ähnliche Weise wächst die Anzahl

der Zwei-Personen-Haushalte, während die Haushalte mit drei und mehr Personen weniger werden. Daraus kann man schließen, dass es immer weniger Familien mit Kindern gibt, auch wenn in den Zwei-Personen-Haushalten Alleinerziehende mit einem Kind erfasst sind.
Diese Vermutung findet in Material 7, einer Meldung im Magazin 1.4
„Der Spiegel", ihre Bestätigung. Demnach ist die Geburtenrate in Deutschland die niedrigste der Welt und liegt bei 8,28 Geburten je 1 000 Einwohner. Material 5 nennt auch einige Gründe dafür. So bekommen Frauen heutzutage ihr erstes Kind wesentlich später als noch vor einigen Jahren. Außerdem steigt die Anzahl kinderloser Frauen. Viele Frauen wollen nach Ausbildung und Studium zunächst Berufserfahrung sammeln, bevor sie eine Familie gründen, oder konzentrieren sich ganz auf den Beruf. Forscher gehen davon aus, dass Deutschland als Folge der niedrigen Geburtenrate in 50 Jahren etwa 17 Millionen Einwohner weniger haben wird als heute (Material 5).
Neben dem Geburtenrückgang ist die gestiegene und wohl weiter 1.5
steigende Lebenserwartung die wichtigste Ursache für den demografischen Wandel. Nach den Angaben in Material 5 lag sie 2013/2015 bei 78,2 Jahren bei neugeborenen Jungen und bei rund 83 Jahren bei Mädchen. Indirekt wird die weiter steigende Lebenserwartung auch durch Material 2 bestätigt, da, wie bereits erwähnt, der Anteil der Menschen über 65 und über 80 Jahren in Zukunft steigen wird. Die Gründe dafür liegen auf der Hand und sind nicht nur der ausgezeichneten Gesundheitsversorgung und den immer besseren medizinischen Möglichkeiten geschuldet, sondern rühren auch von einer bewussteren und gesünderen Lebensführung her. Demnach wird sich zukünftig das Problem der Überalterung noch verschärfen, da die Lebenserwartung zusammen mit dem medizinischen Fortschritt steigt.
Die Folgen des demografischen Wandels betreffen viele Bereiche un- **B. 2**
serer Gesellschaft. Zum einen ergeben sich Auswirkungen auf das 2.1
Gesundheitswesen und den Pflegebereich. So sehr die steigende Le- 2.1.1
benserwartung der Menschen zu begrüßen ist, wird dadurch aber auch die Zahl der Pflegebedürftigen in den nächsten Jahrzehnten erheblich steigen. Wenn Menschen ein höheres Alter erreichen, wird dadurch auch häufiger Betreuung oder ein Platz in einem Pflegeheim nötig. Laut eines Berichts der Zeitung „Die Welt" (Material 3) wird sich der Bedarf an Pflegeheimplätzen bis 2060 mehr als verdoppeln.

Es würden demnach fast zwei Millionen Plätze benötigt, wobei die Bewohner durch entsprechend mehr Personal betreut werden müssten.
Als weitere Folge, die mit dem ansteigenden Pflegebedarf in direktem Zusammenhang steht, ist daher zu erwarten, dass es zu einem Mangel an Pflegepersonal kommt. Dies liegt weniger daran, dass die Arbeit körperlich belastend und die Bezahlung eher unattraktiv ist. Vielmehr wird es zu wenige Menschen im erwerbsfähigen Alter geben, sodass viele Stellen unbesetzt bleiben. Material 5 und 9 belegen dies: Zum einen wird die Einwohnerzahl um 17 Millionen zurückgehen, zum anderen wird auch die Zahl der erwerbstätigen Menschen bis zum Jahr 2050 um 11 Millionen sinken. Der Pflegekräftemangel wird dann vermutlich auch zu einer Verschlechterung der Qualität führen. 2.1.2
Die Auswirkungen des demografischen Wandels bringen jedoch auch das System der deutschen Sozialversicherung aus dem Gleichgewicht. Ein Anstieg der Ausgaben in der Kranken- und Pflegeversicherung gilt laut Material 6 als sicher. In der gesetzlichen Krankenversicherung wird es zu höheren Beiträgen kommen, wobei möglicherweise gleichzeitig die Leistungen verringert werden müssen. Die Begründung hierfür liefert Material 6, denn hier heißt es, dass zum einen die Zahl der Beitragszahler immer weiter sinken werde, andererseits in zwanzig bis dreißig Jahren mehr Menschen über 60 als zwischen 20 und 40 Jahre alt sein werden. Bei einem 60-Jährigen seien die Gesundheitsausgaben mehr als doppelt so hoch wie bei einem 20-Jährigen. Auf die Tatsache, dass die Menschen immer älter werden, wurde an anderer Stelle bereits hingewiesen (Material 6). Dies führt zu einem wachsenden Pflegebedarf, der wiederum die Kosten für die Pflege von ca. 20 Milliarden (2009) auf 41,6 Milliarden Euro steigen lassen wird (vgl. Material 3). Damit gelten für die Pflegeversicherung die gleichen Folgen, wie sie für die Krankenversicherung erörtert worden sind. 2.1.3
Schließlich ist auch das System der gesetzlichen Rentenversicherung bedroht. In Material 6 wird sogar von einem möglichen Zusammenbruch gesprochen, da man eine ausreichende Versorgung als gefährdet ansieht. Der Grund hierfür liegt in der deutlichen Veränderung der Altersstruktur. Demnach kommen heute auf 100 Erwerbstätige (Beitragszahler) 44 Personen im Rentenalter (Rentenempfänger). 2050 werden es bereits 78 Personen sein, deren Rente durch die Beiträge von 100 Erwerbstätigen zu finanzieren ist (vgl. Material 6). 2.1.4

Dieses wachsende Ungleichgewicht wird zwangsläufig zu Beitragserhöhungen, einem späteren Rentenbeginn oder einer Senkung der Renten führen, wie in Material 6 vorhergesagt wird.

Neben den Auswirkungen auf das Gesundheitswesen ist auch die Infrastruktur vom demografischen Wandel betroffen. Verlieren Gebiete an Einwohnern, zieht dies leer stehende Wohnungen und Häuser nach sich. Da diese niemand mehr benötigt, müssen sie abgerissen werden. In Ostdeutschland wurden in einigen Städten wegen des Wegzugs der Menschen bereits ganze Stadtviertel mitsamt ihrer sonstigen Infrastruktur abgerissen und in Grünflächen umgewandelt. Ähnliches könnte in der Zukunft auch anderen Regionen drohen, sodass eines Tages ganze Landstriche verwaist wären. 2.2 2.2.1

Eine deutlich sinkende Einwohnerzahl und eine konstant niedrige Geburtenrate wirkt sich mittel- und langfristig auch auf die Bildungseinrichtungen aus. So werden in vielen Gebieten Deutschlands Kindergärten und Schulen schließen müssen, da es davon für ein Land, das 2065 nur noch 67 Millionen Einwohner haben wird (abgeleitet aus Material 5), zu viele gibt. In der Karikatur (Material 8) wird diese Entwicklung auf zugespitzte Weise verdeutlicht. Dort sieht man einen Lehrer, der in einem leeren Klassenzimmer vergeblich auf Schüler wartet. In vielen kleineren Orten hat der Rückgang der Schülerzahlen bereits zur Schließung von Grundschulen geführt, sodass auch hier wie bei der medizinischen Versorgung weitere Wege erforderlich werden. 2.2.2

Ferner ist damit zu rechnen, dass Versorgungseinrichtungen, also z. B. Geschäfte, Supermärkte, Apotheken oder Sport- und Freizeitstätten, geschlossen werden müssen, weil sie nicht mehr wirtschaftlich betrieben werden können, wenn Kunden fehlen. Insgesamt ist in vielen Regionen Deutschlands damit zu rechnen, dass sich als Folge des demografischen Wandels die Lebensbedingungen verschlechtern, nicht zuletzt auch deswegen, weil in Gebieten mit abnehmender Bevölkerung beispielsweise nicht mehr in schnelle Internetverbindungen investiert wird. Diese Verschlechterungen können wiederum dazu führen, dass gerade junge Menschen wegziehen. Dadurch kann eine Art Teufelskreis entstehen und die Lebensbedingungen verschlechtern sich weiter. 2.2.3

Auf der anderen Seite gibt es einige Regionen im Land, in denen die 2.2.4
Bevölkerung durch Zuzüge deutlich wächst. Dort werden große Summen nötig sein, um die Infrastruktur zu erweitern. Es müssen neue Wohngebiete erschlossen, neue Straßen gebaut und zusätzliche Kindergärten und Schulen errichtet werden. Auch der öffentliche Nahverkehr muss ausgebaut werden. Den Großraum München haben wir im Erdkundeunterricht als Beispiel für ein solches „Ballungszentrum" kennengelernt. Hier wächst die Bevölkerung jährlich um mehrere Prozent an und mit ihr sicherlich auch die Ausgaben für die Infrastruktur.

Die Folgen des demografischen Wandels werden auch in der Arbeits- 2.3
welt zu spüren sein. Um rund 11 Millionen soll sich laut Material 9 2.3.1
die Zahl der Erwerbstätigen innerhalb von nur 40 Jahren verringern. Außerdem steigen bereits seit 2013 mehr Menschen aus dem Arbeitsleben aus als ein. Dies betrifft im Besonderen den bereits genannten Gesundheits- und Pflegesektor, z. B. in der Alten- und Krankenpflege, oder auch technische Berufe wie den Sanitär-, Heizungs- und Klimatechniker. Dies legt insgesamt den Schluss nahe, dass es in vielen Bereichen zu einem Mangel an qualifizierten Fachkräften kommen kann.

Der Fachkräftemangel hat langfristig negative Auswirkungen auf die 2.3.2
Qualität der Produkte oder Dienstleistungen. Wenn die anfallende Arbeit auf die vorhandenen Arbeitskräfte aufgeteilt werden muss, können sich aufgrund von Überforderung Fehler einschleichen. Zudem kann es länger dauern, bis Waren geliefert oder Dienstleistungen erbracht werden. Die Karikatur (Material 10) verdeutlicht die Folgen, wenn bestimmte Fachkräfte fehlen. Sie zeigt, dass es beispielsweise zu Produktionsstopps kommen kann, wenn die vorhandenen Arbeitskräfte nicht entsprechend ausgebildet sind. Dies hätte nicht nur Auswirkungen auf jeden Einzelnen, sondern die ganze Wirtschaft.

Die Folgen des demografischen Wandels betreffen viele wichtige Be- C.
reiche unserer Gesellschaft, wie das Gesundheits- und Pflegewesen, die Infrastruktur sowie die Arbeitswelt. Dies macht deutlich, wie wichtig es ist, etwas gegen die Ursachen zu unternehmen, um so die Folgen abzumildern. Dabei ist vor allem die Politik gefragt, die entsprechenden gesetzlichen Grundlagen und Strukturen zu schaffen, damit sich

z. B. die Geburtenzahlen wieder erhöhen. Wie sich aus Material 5 ableiten lässt, ist die Situation derzeit so, dass sich Frauen zwischen Kind und Karriere entscheiden müssen, weil beides nur schwer miteinander vereinbar ist. An dieser Stelle sollte die Politik meiner Auffassung nach zuerst ansetzen, um dem demografischen Wandel entgegenzuwirken.

Übungsaufgabe 3

Textgebundener Aufsatz (Sachtext)

Mike Schmitzer: „Der Mann – Unfall der Natur“

Stoffsammlung und Strukturierung

Zunächst verfasst du auf der Basis der Aufgabenstellung einen Schreibplan, der die Grundlage für die Gliederung darstellt. Bei Aufgabe 5 hast du die Wahl, ob du lieber etwas freier formulieren und kreativer schreiben willst (Teilaufgabe b) oder ob dir eine Argumentation besser liegt.

Überlegungen zur Einleitung

Dein Aufsatz beginnt mit einer Einleitung (A.), in die Angaben zu Autor, Text, Quelle, Textsorte und das Thema gehören. Beim Thema gibst du die zentrale Aussage des Textes wieder (Kerninhalt und Präzisierung).

Überlegungen zum Hauptteil

Der Hauptteil (B.) beginnt mit der Inhaltszusammenfassung. Hierzu arbeitest du die einzelnen Sinnabschnitte heraus. Ein Sinnabschnitt ist ein Teil des Textes, in dem es um eine bestimmte Aussage geht. Formuliere dazu eine Art zusammenfassende Überschrift. Diese Zwischenüberschriften stellen dann das „Gerüst“ für deine Inhaltszusammenfassung dar. Überlege dabei auch, welche Funktion der jeweilige Sinnabschnitt einnimmt, denn in Aufgabe 1 ist auch verlangt, den Aufbau des Textes zu verdeutlichen.

Um den Text einer Textsorte zuordnen zu können (Aufgabe 2), notierst du dir stichwortartig die Merkmale, die dir auffallen. Wenn du genügend Elemente gefunden hast, die für eine Textsorte sprechen, kannst du gezielt nach weiteren Erkennungszeichen suchen. Beachte dabei, dass nicht immer alle Kennzeichen einer Textsorte vorhanden sein müssen. Nenne im Aufsatz das jeweilige Merkmal, erkläre es kurz und belege dein Ergebnis am vorliegenden Text, z. B. mit einem entsprechenden Zitat oder der Beschreibung eines gestalterischen Merkmals.

Bei der Beschreibung der sprachlichen Besonderheiten und Stilmittel (Aufgabe 3) ist es sinnvoll, zunächst den Text durchzugehen, gezielt Satzbau, Wortwahl und Stilmittel zu untersuchen und auffällige Stellen zu markieren. Um dir eine Übersicht zu verschaffen, kannst du deine Ergebnisse in eine Tabelle eintragen und hier gleich die Wirkung ergänzen, die dadurch erzielt wird. Halte dich bei der Ausformulierung in etwa an das Schema: Nennung des sprachlichen Mittels → nötigenfalls kurze Erklärung → Beleg(e) aus dem Text zitieren → Wirkung konkret am Text beschreiben

Bei der Beschreibung der möglichen Absicht des Autors und der Wirkung des Textes (Aufgabe 4) solltest du als Erstes notieren, wie der Text auf dich gewirkt hat, und Stellen markieren, die diese Wirkung hervorrufen. Sie sind die Belege für deine Aussagen. Stelle dir anschließend die Frage, was der Autor mit diesem Text erreichen möchte.

Wenn du die Erörterungsaufgabe wählst (Aufgabe 5 a), ist zu beachten, dass du stichhaltige Argumente findest und diese aus Behauptung, Begründung, Beispiel und Abrundung bestehen. Drei ausführliche Argumente sollten genügen. Falls du dich hingegen bei der weiterführenden Schreibaufgabe für den Gegentext (Aufgabe 5 b) entscheidest, musst du einen Text verfassen, der inhaltlich und thematisch das Gegenteil dessen darstellt, was man dir als Vorlage vorgegeben hat. Die sprachliche Form soll sich im Idealfall am vorliegenden Text orientieren. In diesem konkreten Fall bedeutet das, dass du in gleicher humorvoller Weise wie Mike Schmitzer die vermeintlichen Schwächen der Frauen beschreiben sollst. Dabei kannst du an einigen Stellen auch Bezug auf den Originaltext nehmen, um so darzustellen, aus welchem Anlass du deinen Gegentext verfasst.

Überlegungen zum Schlussgedanken

Der Schluss (C.) besteht z. B. aus deiner begründeten eigenen Meinung zur Kernaussage des Textes. Du kannst aber auch weiterführende Gedanken, einen Ausblick in die Zukunft oder einen anderen Schlussgedanken wählen. Am wichtigsten ist dabei, dass du deine Aussagen nachvollziehbar erklärst und begründest.

Gliederungsvorschlag

Hinweis: *Die Gliederungspunkte zu Einleitung, Hauptteil und Schluss kannst du auch im Nominalstil verfassen. Denke aber daran, dass du einen Sprachstil konsequent beibehalten musst.*

A. Die Glosse „Der Mann – Unfall der Natur" nimmt das Ergebnis einer wissenschaftlichen Entdeckung zum Y-Chromosom aufs Korn und bringt es mit vermeintlich männlichen Schwächen in Verbindung

B. Texterschließung des Artikels „Der Mann – Unfall der Natur" und weiterführende Aufgabe

1 Texterschließung

1.1 Inhalt des Textes und Textaufbau

1.2 Nachweis der Textsorte

1.3 Sprachliche Mittel des Textes und ihre Wirkung

1.4 Absichten des Autors und Wirkung des Textes auf den Leser

2 Weiterführende Erörterung: Wie kann trotz unterschiedlicher Eigenschaften und Rollen der Geschlechter eine erfolgreiche partnerschaftliche Beziehung geführt werden?

2.1 Vertrauen und Verlässlichkeit

2.2 Einhaltung von Absprachen

2.3 Eingehen von Kompromissen

oder

2 Weiterführende Aufgabe: Humorvoller Gegentext über die Schwächen der Frauen

C. Die Glosse setzt sich sehr unterhaltsam mit den angeblichen Schwächen der Männer auseinander

Aufsatzbeispiel

Die Glosse nimmt das Ergebnis einer wissenschaftlichen Entdeckung zum Y-Chromosom aufs Korn, in dem vermeintlichen männlichen Schwächen nachgegangen wird, die sich aus dem „Gendefekt" ergeben könnten. Der Text „Der Mann – Unfall der Natur" erschien am 9.4.2013 im Wochenblatt Altötting in der Kolumne „Verrückte Welt" und wurde vom Redaktionsleiter Mike Schmitzer verfasst. A.

Im ersten Sinnabschnitt, der von Zeile 1 bis 14 reicht, wird von der **B.1**
Entdeckung einer australischen Wissenschaftlerin berichtet, die über- 1.1
zeugt ist, dass das männliche Y-Chromosom und somit der Mann fehlerhaft sei. Nach anfänglichem Desinteresse begibt sich der Autor auf die Suche nach Belegen für diese Behauptung. Der erste Sinnabschnitt hat die Funktion einer Einleitung und Hinführung zum Thema. In den folgenden vier Abschnitten des Hauptteils werden die angeblichen Hinweise, dass die Erkenntnis der Wissenschaftlerin wahr sein könnte, erläutert.

In Sinnabschnitt 2 (Z. 15–24) wird behauptet, dass Männer schlechter sehen würden als Frauen und unter bestimmten Bedingungen die Gesichter von Frauen nicht erkennen könnten.

Der dritte Sinnabschnitt setzt sich mit dem Hörvermögen der Männer auseinander. In den Zeilen 25 bis 43 erklärt der Autor, dass Männer für bestimmte Dinge im Alltag taub seien, zum Beispiel für schreiende Babys oder die Bitten, im Haushalt zu helfen.

Im vierten Sinnabschnitt von Zeile 44 bis 56 heißt es, Männer seien wegen ihres Y-Chromosoms besonders empfindlich und litten deshalb bei Krankheiten, und sei es nur eine Erkältung, so sehr.

Mit der seltsamen körperlichen Entwicklung der Männer, die wohl auch mit der fehlerhaften DNA zusammenhänge, setzt sich der fünfte Sinnabschnitt auseinander. In Zeile 57 bis 82 wird zunächst das spezielle Haarwachstum erläutert. Während das Haupthaar ab einem Alter von 25 Jahren zunehmend verschwinde, würden an anderen Stellen des Körpers als abstoßend empfundene Haare wachsen. Im Weiteren geht die Glosse auf die gleichmäßige Gewichtszunahme der Männer und deren Folgen ein. Schließlich erwähnt der Autor letzte Versuche des Mannes im Alter von 45 Jahren, den fortschreitenden Verfall zu stoppen. Diese würden mit einer Diät beginnen und in einem Verhältnis mit einer deutlich jüngeren Frau enden.

Eine kurze Pointe (Sinnabschnitt 6, Z. 83 f.) spricht der Natur die Schuld am Wesen der Männer zu und bildet den Schluss der Glosse.

Der vorliegende Text kann zweifelsfrei als solche bezeichnet werden. 1.2
Diese Textsorte bezieht sich oft auf die eher „kleinen“ Nachrichten in den Zeitungen, wozu das australische Forschungsergebnis sicher gehört. Glossen beschäftigen sich aber auch gerne mit Alltagsdingen, hier ist es das Verhalten der Männer und der Vergleich mit Frauen.

Dass es sich um einen (hier satirischen) Meinungsbeitrag handelt, erkennt man auch daran, dass der Autor des Artikels genannt ist und der Text als Beitrag in einer regelmäßig erscheinenden Kolumne („Verrückte Welt") veröffentlicht wurde. Zudem sprechen einige Elemente des Layouts dafür, dass es sich um eine Glosse handelt. Durch die auffällige Gestaltung des Titels der Kolumne, inklusive Foto des Verfassers, hebt sich der Text von anderen Zeitungsartikeln deutlich ab. Die Textsorte Glosse dient der Unterhaltung, was man am Stil erkennt, der häufig ironisch ist und zu Spott neigt. Die Einleitung des vorliegenden Textes ist hierfür ein gutes Beispiel. Oft bedient sie sich auch des Stilmittels der Übertreibung, hier zum Beispiel bei der Beschreibung der Schmerzempfindlichkeit oder des übermäßigen Haarwuchses auf dem Rücken der Männer. Typisch für die Textart ist auch eine Schlusspointe wie in den letzten beiden Zeilen, die nicht selten den Gedanken der Überschrift („Unfall der Natur") wieder aufgreift. Außerdem soll der Leser dazu gebracht werden, über sein eigenes Verhalten nachzudenken, wenn er sich beispielsweise durch die Hinweise auf das Verhalten der Männer oder ihrer körperlichen Veränderungen (Haarwuchs, Gewichtszunahme) ertappt fühlt.

Bei der Untersuchung der sprachlichen Mittel soll zunächst der Satz- 1.3
bau in den Blick genommen werden. Hierbei fallen einige kurze Hauptsätze auf, in denen Feststellungen getroffen werden, die sich durch ihre Kürze besonders hervorheben und dadurch verstärkt werden. Beispiele dafür sind in den Zeilen 14, 26 und 83 f. zu finden. Auffallend sind an einigen Stellen durch Gedankenstriche abgetrennte und nachgestellte Einfügungen, die der Hervorhebung von Kernaussagen dienen („[...] – ein Ausrutscher der Evolution", Z. 8 f.) oder einen Sachverhalt besonders übertrieben veranschaulichen sollen (z. B. Z. 54 f.). Hervorzuheben ist eine Aufzählung in den Zeilen 79 ff., mit der der Autor das verzweifelte Bemühen, sich jung zu geben, von Männern mittleren Alters lächerlich macht. Die beiden Zitate in Form wörtlicher Reden (vgl. Z. 32–37) geben Alltagssituationen wieder, wie sie oft in Partnerschaften vorkommen. Dadurch entsteht Realitätsnähe und der Leser fühlt sich direkt angesprochen. Überwiegend besteht die Glosse im Wechsel aus leicht verständlichen Satzreihen und Satzgefügen, die die gute Lesbarkeit unterstützen.

In der Glosse fallen einige Fachbegriffe aus dem Bereich der Biologie auf („Y-Chromosom", Z. 6; „DNA", Z. 7; „Evolution", Z. 9), die zeigen, dass sich der Autor mit der Thematik auseinandergesetzt hat. Außerdem werden immer wieder anschauliche Adjektive („ausladendes", Z. 23; „feine", Z. 41; „flaumigen", Z. 67) und lebendige Verben („hineinstarren", Z. 17; „fischt", Z. 20; „verdichten", Z. 66; „sprießen", Z. 73) verwendet, was zum abwechslungsreichen Charakter der Sprache beiträgt. Aufgrund der Thematik, dem Vergleich des Verhaltens von Männern und Frauen, werden die beiden Nomen „Mann" und „Frau" im Text häufig wiederholt. Dies dient auch dazu, den Unterschied zwischen den Geschlechtern hervorzuheben bzw. ihn übertrieben darzustellen. Ähnliches gilt für die Adjektive „männlich" und „weiblich". Darüber hinaus setzt der Autor an einigen Stellen Fremdwörter aus dem Französischen bzw. Lateinischen ein („Dekolleté", Z. 23 f.; „Intimitäten", Z. 68; „Liaison", Z. 81), um den Eindruck einer vornehm distanzierten Ausdrucksweise zu erzeugen.
Außerdem tragen einige wenige Stilmittel ebenfalls dazu bei, den Text interessant zu gestalten. Die rhetorische Frage in Zeile 3 verstärkt die Ironie und lässt erkennen, dass der Autor von solchen Wissenschaftlerinnen nicht viel hält. Einige Wortneuschöpfungen („schrottige", Z. 47; „DNA-Schwäche", Z. 60; „Haarmonster", Z. 71) verstärken die humorvolle Wirkung und lassen den Leser schmunzeln. Dies gilt auch für den umgangssprachlichen Ausdruck „totaler Schrott" (Z. 7). Die Ellipse „Nicht einmal ansatzweise." (Z. 55 f.) soll die großen Schmerzen, die ein Mann aushalten muss, noch einmal besonders hervorheben und betonen, dass Frauen solche Schmerzen gar nicht aushalten würden.

Der Autor der Glosse möchte zeigen, dass er dieses neue wissen- 1.4
schaftliche Forschungsergebnis nicht ernst nimmt. Dennoch bemüht er sich scheinbar, Hinweise auf dessen Richtigkeit zu finden, indem er besondere Merkmale von Männern und ihre „typischen" Verhaltensweisen überspitzt darstellt, um dann zum Umkehrschluss zu gelangen: Wenn diese männlichen Schwächen die Folge eines schwachen Gens sind, dann können Männer nichts dafür, wenn sie wehleidig sind oder jedes Lebensjahr ein Kilo zunehmen usw. Im Vordergrund steht auch die Absicht, den Leser zu unterhalten, da die Glosse lebendig und witzig und leicht verständlich ist. Außerdem möchte

der Verfasser dem männlichen Leser einen Spiegel vorhalten, indem er „typisch“ männliches Verhalten übertrieben darstellt. Dieser soll beispielsweise überprüfen, ob auch er für manche Bitten seiner Frau taub ist oder auch schon an das „letzte Aufbäumen“ mit Diät und Fitnessstudio gedacht hat. Schließlich spricht er ebenfalls die Frauen und ihre Erfahrungen mit Männern an, indem er unter anderem typische Sätze von Frauen zitiert, wie sie bestimmt häufig im Beziehungsalltag fallen.

Erörterung **B. 2**

Trotz aller Unterschiedlichkeit der Geschlechter und der verschiedenen Bedürfnisse, die Mann und Frau in einer Partnerschaft einbringen, gibt es eine Reihe wichtiger Grundlagen, die für das Gelingen einer Beziehung notwendig sind und die jedes Geschlecht berücksichtigen kann.

Diese Grundlagen sind z. B. Vertrauen und Offenheit. Sie bestimmen 2.1
die Qualität des menschlichen Miteinanders und erleichtern ein harmonisches Zusammenleben, das frei von Streit und Verletzungen ist. Wer nicht ehrlich gegenüber seinem Partner ist, riskiert, dass sich Misstrauen einschleicht. Auch wer nicht offen über seine Bedürfnisse spricht, z. B. berufliche Verpflichtungen vorschiebt, obwohl er mit Freunden in die Kneipe geht, muss davon ausgehen, dass ein solches Verhalten vor dem Partner nicht verborgen bleibt. Jede Unehrlichkeit schwächt die Vertrauensbasis und letztendlich den Zusammenhalt innerhalb einer Beziehung.

Ebenso bedeutsam ist in einer Partnerschaft die Einhaltung von Ab- 2.2
sprachen. Dies erleichtert die Bewältigung des Alltags, der oft Quelle für Probleme und Konflikte innerhalb einer Beziehung ist. Mit gemeinsam getroffenen Abmachungen, an die man sich hält, kann man die Arbeit im Haushalt aufteilen und so viel Ärger vermeiden. Wenn man beispielsweise dafür verantwortlich ist, den Müll hinauszubringen, sollte man sich daran halten. Die eigene schmutzige Wäsche in den Wäschekorb zu legen, anstatt sie überall herumliegen zu lassen, sollte eigentlich selbstverständlich sein. Aber auch in der Freizeit sollte man sich an Abmachungen halten, wenn es z. B. um gemeinsame Unternehmungen geht oder wenn sich ein Partner bereit erklärt hat, auf die Kinder aufzupassen. Jede nicht eingehaltene Abmachung

verursacht Ärger und führt mittelfristig zu Streit und einem Vertrauensverlust, zwei Faktoren, die keine Partnerschaft lange aushält.

Neben der Einhaltung von Absprachen gehört auch die Fähigkeit, Kompromisse zu schließen, zum Gelingen einer Partnerschaft. Immer wieder wird es in einer Beziehung unterschiedliche Vorstellungen, Erwartungen und Interessen geben. Deshalb gelingt es nur mit guten Kompromissen, bei denen beide Partner ein Stück von ihrer Position abrücken, Frieden und Gleichberechtigung in der Partnerschaft zu sichern. Ein Partner, der immer seine Vorstellungen durchsetzen möchte, entzieht der Beziehung viel Energie und riskiert, dass aus der wachsenden Enttäuschung des anderen Konflikte entstehen. Ein Streitpunkt könnten z. B. Anschaffungen, Ausgaben für individuelle Wünsche, die Erziehung der Kinder, die Urlaubsplanung oder die persönlichen Freiräume eines jeden Partners sein. 2.3

Humorvoller Gegentext B. 2

Herzliche Grüße an Mike Schmitzer! Nun wissen wir dank seiner Beweiskette, was das fehlerhafte Y-Chromosom mit uns Männern anstellt. Er hat aber bei seiner Beweisführung etwas ganz Entscheidendes übersehen, nämlich dass die DNA der Frauen auch nicht so „super" sein kann. Ich werde es erläutern:

1. Frauen sind, wie man so sagt, sehr nahe am Wasser gebaut. Wenn man bei der Hochzeit einer Freundin zu heulen anfängt, dann geht das ja noch durch. Aber wenn eine Grey's-Anatomy-Episode bei Zuschauerinnen einen wahren Wasserfall auslöst, dann ist das für die meisten Männer doch zu viel des Guten: Da weiß man(n) nicht, ob man lachen, weinen oder lieber das Weite suchen soll.

2. Frauen können nicht einparken. Nein, das ist kein Klischee, das ist erlebte Wirklichkeit. Alle kleinen Blechschäden am Auto meines Vaters stammen von meiner Mutter – oder anderen Frauen, die allein mit dem Auto unterwegs waren. Es ist zu vermuten, dass das räumliche Sehen für die engen Lücken leider nicht in jedem Fall ausreicht. Allerdings muss man auch hervorheben, dass alle Frauen so fair waren, ihren Namen und ihre Adresse zu hinterlassen. Das würde einem Mann nie einfallen!

3. Frauen haben ein gestörtes Temperaturempfinden. Entweder ist es unerträglich heiß oder man muss erbärmlich frieren. Der temperaturtechnische Wohlfühlbereich ist knapp ausgelegt und auch noch abhängig von der Jahreszeit. Er liegt im Winter bei mindestens 25 Grad, wird er nur minimal unterschritten, sagen wir um 0,2 Grad, beginnt das große Zittern und Lamentieren. Im Sommer beginnt angeblich knapp oberhalb von 22 Grad bereits die mörderische Hitze.
4. Frauen verbringen eine halbe Ewigkeit im Badezimmer. Wenn man einen Mann fragt, wird er bestätigen, dass seine Frau mindestens zehnmal so lange im Bad braucht wie er. Dort ist sie mit Schminken, Duschen, Haare-Machen und anderen tausend Dingen beschäftigt, die „Frau" eigentlich nicht unbedingt dann im Bad erledigen müsste, wenn auch andere mal kurz dort hinein müssen.
Diese Liste ließe sich noch lange fortführen. Was bleibt, ist die Erkenntnis, dass wir alle unsere kleinen Fehler haben und dass wir zu ihnen stehen sollten, und wenn dem jeweils anderen Geschlecht etwas auf die Nerven geht, sind unsere Gene wohl so stark, dass wir an uns arbeiten können – Frau und Mann.

Die Glosse setzt sich sehr unterhaltsam mit den Schwächen der Männer auseinander. Vieles ist dabei sicherlich nicht auf die Gene zurückzuführen, sondern auf Rollenbilder, die in der Gesellschaft und der Erziehung nach wie vor verankert sind. So müssen Jungen in der Regel viel weniger im Haushalt helfen, weil das immer noch angeblich „Frauensache" ist. Wenn die Väter dann dieses Rollenbild ihren Söhnen auch noch vorleben, dann ist es kein Wunder, wenn die herangewachsenen Männer später in der Partnerschaft auf diesem Ohr gern taub sind und sich nicht an den Alltagsdingen im Haushalt beteiligen. Sie haben es schließlich nicht anders gelernt. Wenn sich daran etwas ändern soll, dann müssen sich vor allem die Eltern stärker darum bemühen, ihre Kinder frei von Rollenklischees zur Gleichberechtigung zu erziehen. c.

Übungsaufgabe 4

Textgebundener Aufsatz (literarischer Text)

Charlotte Kerner: „Geboren 1999“

Stoffsammlung und Strukturierung

Überlegungen zur Einleitung

In der Einleitung musst du alle wichtigen Basisinformationen wie das Thema, Angaben zur Autorin und den Titel des Textes nennen. Außerdem solltest du darauf eingehen, aus welchem Roman der Auszug stammt und wann er erschienen ist, da diese Informationen zum Verständnis des Textes beitragen können.

Überlegungen zum Hauptteil

Der Hauptteil beginnt mit einer Inhaltszusammenfassung. Dabei solltest du dich auf die wichtigsten Elemente beschränken. Da du nicht auf den Aufbau des Textes eingehen musst, kannst du die Reihenfolge der Informationen verändern und sie so strukturieren, dass die Zusammenhänge besonders deutlich werden.
Im nächsten Schritt sollst du Karl charakterisieren. Lege zuerst, einen Steckbrief mit den wichtigsten Eckdaten an. Notiere auch, wo du die Informationen im Text gefunden hast. Überlege anschließend, wie Karl auf dich gewirkt hat. Suche dann gezielt nach Textstellen, die deine Annahmen belegen. Denke auch daran, auf Karls Gefühle und Gedanken bei der ersten Begegnung mit seiner Leihmutter einzugehen und deine Aussagen durch Textbezüge nachzuweisen.
Die dritte Aufgabe besteht darin, die Sprache zu analysieren. Falls dir bisher noch keine sprachlichen Mittel aufgefallen sind, kannst du dir auch als Erstes überlegen, wie der Text auf dich wirkt und welche Stimmung darin vorherrscht. Untersuche dann die Sprache des Textes, um herauszufinden, welche sprachlichen Merkmale diese Wirkung hervorrufen bzw. unterstützen.
Um Ideen für mögliche Verfasserabsichten zu sammeln, kannst du dir die Frage stellen, welche Probleme im Text angesprochen werden. Überlege auch, wie die Verfasserin zum zentralen Thema, das du für die Einleitung bereits benennen musstest, steht und durch welche Aussagen dieser Standpunkt deutlich wird.
Bei der weiterführenden Aufgabe kannst du dich zwischen einer Erörterung und einem Monolog entscheiden. Gehe bei der argumentativen Aufgabe wie bei einer normalen Erörterung vor: Analysiere zuerst das Thema, sammle und ordne deine Ideen, leite kurz zum Thema hin und formuliere zwei bis drei Argumente aus.

Bei einem Monolog handelt es sich im Grunde um ein Selbstgespräch. Es ähnelt stark einem inneren Monolog und weist auch inhaltliche und sprachliche Bezüge zum Originaltext auf. Der Unterschied besteht lediglich darin, dass die Gedanken laut ausgesprochen und daher möglicherweise geordneter dargestellt werden.

Überlegungen zum Schlussgedanken
Für den Schluss stehen dir mehrere Möglichkeiten zur Verfügung. Du kannst z. B. einen Appell an den Leser, ein Fazit oder einen Ausblick in die Zukunft verfassen. Wichtig ist vor allem, dass darin der Bezug zu deinem Aufsatz erkennbar ist und du deine Aussagen nachvollziehbar begründest.

Gliederungsvorschlag

✎ ***Hinweis:*** *Die Gliederungspunkte zu Einleitung, Hauptteil und Schluss kannst du auch als Satz ohne Schlusspunkt verfassen. Denke daran, dass du einen Sprachstil konsequent beibehalten musst.*

A. Auszug aus Charlotte Kerners Roman „Geboren 1999“: Die erste Begegnung eines Jungen mit seiner künstlichen Leihmutter

B. Texterschließung und weiterführende Aufgabe

1 Texterschließung

1.1 Inhaltszusammenfassung

1.2 Charakterisierung von Karl und Beschreibung seiner Gedanken bei der ersten Begegnung mit seiner „Leihmutter“

1.3 Beschreibung auffälliger sprachlicher Mittel und deren Wirkung

1.3.1 Satzarten

1.3.2 Erzählperspektive und Gedankenwiedergabe

1.3.3 Stilmittel

1.4 Mögliche Absichten der Autorin

2 Weiterführende Erörterung: Gründe gegen das Klonen von Menschen

2.1 Notwendigkeit von Experimenten mit menschlichen Zellen

2.2 Reduzierung des Klons auf seine Gene

2.3 Leben im Schatten des Originals

<u>oder</u>

2 Weiterführende Aufgabe: Karls Monolog über seine Gefühle und Wünsche

C. Verantwortungsvoller Umgang mit dem technischen Fortschritt

Aufsatzbeispiel

Der Auszug mit dem Titel „Ende der Suche: Erkennen" aus dem Roman „Geboren 1999" beschreibt die erste Begegnung der Hauptfigur Karl mit seiner wahren Mutter – einer Maschine. Nach langer Suche hat Karl herausgefunden, dass er nicht auf natürlichem Wege gezeugt und geboren wurde, sondern in einer künstlichen Gebärmutter herangewachsen ist. Der Roman stammt von Charlotte Kerner (1950 geboren), einer Volkswirtschaftlerin und Soziologin, die schriftstellerisch nicht nur mit Frauenbiografien sondern auch mit Zukunftsgeschichten, wie im vorliegenden Romanauszug, Erfolg hatte. Der Textauszug ist der 1995 erschienen Ausgabe entnommen, die im Jahr 1989 erstmalig aufgelegt wurde. A.

Der Romanausschnitt setzt ein, als Karl gerade durch eine Glasscheibe vier Gebärmaschinen betrachtet. Er weiß nicht, welche dieser Maschinen diejenige ist, die ihn „geboren" hat. Daher sucht er nach Ähnlichkeiten zwischen sich und seiner künstlichen Mutter. Als er die Maschine, die der Scheibe am nächsten steht, mustert, entdeckt er einen kleinen Jungen, der in der künstlichen Gebärmutter heranwächst. Dieser Anblick weckt in Karl positive Gefühle und beruhigt ihn für kurze Zeit. Diese Ruhe weicht jedoch tiefer Angst, als ihm wieder bewusst wird, dass das vor ihm nur eine seelenlose Maschine ist, die lediglich mithilfe von Messapparaten und ausgeklügelten technischen Mechanismen dafür sorgt, dass es dem Fötus zumindest körperlich an nichts fehlt. B.1 1.1

Karl ist das Produkt einer solchen Gebärmaschine und wurde als „erster Maschinenmensch" (Z. 7 f.) im Jahr 1999 geboren. Aus einer Akte weiß Karl, dass er als Embryo in einen künstlichen Uterus eingepflanzt und nach neun Monaten fertig entwickelt entnommen wurde (vgl. Z. 27–30). Karls Vermutung, dass es sich bei dem Fötus in der Maschine um einen Klon von ihm handelt, der „siebzehn Jahre tiefgekühlt geschlummert hat" (Z. 79), legt den Schluss nahe, dass er selbst sechszehn oder siebzehn Jahre alt ist. Die Handlung spielt demnach wahrscheinlich im Jahr 2015 oder 2016. Zur Bestätigung seiner Klon-Theorie sucht er nach Gemeinsamkeiten zwischen sich und dem Kind in der Maschine (vgl. Z. 79 f.). Dasselbe tut er auch mit seiner Mutter-Maschine. Er meint auch hier eine Ähnlichkeit entdeckt zu haben und denkt daher, dass er zurecht von anderen 1.2

Menschen als „Kalte[r] Karl“ (Z. 9) bezeichnet würde. So kalt, wie er zu sein glaubt, ist er jedoch nicht. Ihm scheint vielmehr die „menschliche Wärme“ (Z. 56) einer Mutter zu fehlen. Er versucht zudem immer wieder eine Bindung zur Mutter-Maschine aufzubauen. Wenn vonseiten der Maschine schon keine Reaktion kommt und sie ihn, den „maschinen-leibliche[n] Sohn“ (Z. 18) ignoriert, hofft er als Mensch wenigstens seine „Mama-Maschine“ (Z. 20) zu erkennen. Für einen kurzen Moment entwickelt er sogar „Dankbarkeit und Zuneigung“ (Z. 42 f.) für seine Maschinen-Mutter. Allerdings erscheinen ihm diese Gefühle schnell „abstru[s]“ (Z. 44), weil er eine „seelenlose Maschine“ (Z. 46) – ganz im Gegensatz zu ihm selbst, der eine Seele besitzt (vgl. Z. 7) – nicht lieben kann (vgl. Z. 47). Offenbar ist Karl durch die ganze Situation auch sehr verunsichert und überfordert, denn er wünscht sich, dass er nie geboren worden wäre, dass es rechtzeitig zu einem „Abort“ (Z. 67), also einem Schwangerschaftsabbruch, gekommen wäre und er so seine leibliche Mutter „nie [hätte] kennen lernen müssen“ (Z. 68 f.).

Karls Verunsicherung angesichts der Begegnung mit seiner 1.3
künstlichen Mutter spiegelt sich auch in der Sprache wider. Das zeigt 1.3.1
sich darin, dass er sich immer wieder Fragen stellt (vgl. Z. 12 f., Z. 16, Z. 17, Z. 42 f.). Die Unsicherheit steigert sich am Ende des Romanauszugs sogar zu „tiefe[r] Angst“ (Z. 81 f.), was auch daran erkennbar ist, dass sich die Fragen häufen (vgl. Z. 77–80).

Karls Gedanken und Gefühle erlebt der Leser aus Sicht eines persona- 1.3.2
len Erzählers. Zwar wird die Situation in der 3. Person geschildert (z. B. „Karl sieht sie durch das beschlagene Glas, seine Mutter“ Z. 3 f.), was eine gewisse Distanz zum Geschehen schafft, aber dennoch kann sich der Leser gut in die Hauptfigur hineinversetzen. Der Erzähler kennt Karls Gedanken und Gefühle und gibt sie in Form der erlebten Rede wieder. Die Grenzen zwischen Erzähler und Hauptfiguren verschwimmen dadurch, denn erst bei genauerem Hinsehen kann man die Erzähl-Passagen von Karls Gedanken unterscheiden. Hinweise auf eine Veränderung geben nur die Personalpronomen, die von der 3. Person beim Erzählerbericht (vgl. Z. 3 f.) in die 1. Person bei der Gedankenwiedergabe wechseln („Meine Mutter ist eine Maschine. Ich bin ein Maschinenkind.“ Z. 6). Üblicherweise wird auch darauf verzichtet, die Gedanken durch Anführungszeichen zu markieren.

Lediglich an einer Stelle gibt es eine Abweichung davon, als Karl daran denkt, sich seinen Frust von der Seele zu schreien. Durch die Anführungszeichen wirkt es für den Leser so, als würde Karl diese Worte tatsächlich rufen, auch wenn er sich letztlich doch beherrschen kann und es beim Gedanken daran bleibt („‚Seht her, ich bin's', möchte er rufen. ‚Man nennt mich auch den Kalten Karl. Zu Recht wohl, [...]' Z. 9 f.).

Indem Karl die metaphorische Redewendung „Der Apfel fällt nicht weit vom Stamm." zum Spruch „[...] die Schraube fällt nicht weit von der Maschine." (Z. 10) umwandelt, überträgt er den Bereich der Natur auf den der Technik. Dadurch wird auch deutlich, dass die eigentlich natürlichen Vorgänge bei Karls Entstehung – von der Empfängnis bis zur Geburt – durch künstliche Verfahren ersetzt wurden. Diesen Zusammenhang zwischen Natur und Technik erkennt man besonders deutlich daran, dass das Wort „Maschine" häufig wiederholt (Z. 4, Z. 6, Z. 16, Z. 21, Z. 46) und mit Begriffen aus dem menschlichen Bereich kombiniert wird („Maschinenmutter" Z. 4 f., „Maschinenkind" Z. 6, „Maschinenmensch" Z. 8, „maschinen-leiblicher Sohn" Z. 18, „Mama-Maschine" Z. 20, „Muttermaschinen" Z. 23, „Maschinenbauch" Z. 48). In den Augen anderer Menschen hat Karl offenbar Ähnlichkeiten mit einer solchen emotionslosen Maschine, weshalb sie ihn den „Kalten Karl" (Z. 9) nennen. Diese Eigenschaft Karls, wird auch durch die kalt und hart klingende Alliteration im Spitznamen verdeutlicht. Im Gegensatz dazu steht die Wiederholung der Anlaute in der Aufzählung in Zeile 41 („getastet und gerochen, gestrampelt und getrunken, gefühlt und gedacht"). Hier wirkt die Alliteration nicht kühl, sondern menschlich weich und harmonisch. Dieser Kontrast zeigt auch die Unterschiede zwischen menschlichen Eigenschaften bzw. Verhaltensweisen und der seelenlosen Maschine auf. Insgesamt spiegeln die Stilmittel Karls negative Grundstimmung sowie den Zwiespalt zwischen seiner menschlichen und maschinen-leiblichen Herkunft wider. 1.3.3

Wie die meisten literarischen Texte soll auch dieser den Leser vordergründig erst einmal beim Lesen unterhalten. Bei genauerem Hinsehen scheint das Hauptanliegen der Autorin jedoch eher darin zu bestehen, auf die Probleme aufmerksam zu machen, die durch die Fortschritte auf dem Gebiet der Fortpflanzungsmedizin entstehen 1.4

können. Im Romanauszug wird deutlich, dass die Verfasserin dem Thema kritisch gegenübersteht. Indem der Leser die negativen Empfindungen Karls bei der Begegnung mit seiner Leihmutter miterlebt, wird er dazu angeregt, sich mit den Auswirkungen dieses medizinischen Fortschritts auf die Betroffenen auseinanderzusetzen. Zudem spricht Charlotte Kerner indirekt auch an, was es eigentlich bedeutet, jemandem eine Mutter zu sein. Der Leser muss sich selbst Gedanken darüber machen, denn wie sich am Beispiel Karls zeigt, gehört mehr dazu, als ein Kind zu gebären.

Erörterung B. 2

Im Roman vermutet Karl, dass der Junge in der Gebärmaschine ein Klon von ihm sei (vgl. Z. 78 f.). Aber ist ein solches Szenario auch in der Realität denkbar? Spätestens seit der Geburt des Klon-Schafs Dolly im Jahr 1996, rückt diese Möglichkeit immer näher. Dennoch ist es nie so weit gekommen. Welche Gründe sprechen also dagegen, Menschen zu klonen?

Ein Grund gegen das Klonen von Menschen ist, dass zuerst mit 2.1 menschlichen Zellen experimentiert werden muss, bis das Klonen zu einer sicheren Methode wird. Solche Experimente sind jedoch ethisch sehr bedenklich, da die gesundheitlichen Gefahren unklar sind. Der frühzeitige Tod eines menschlichen Klons oder ein Leben mit schwerwiegenden Missbildungen oder Erkrankungen wäre durchaus denkbar. Allein diese Risiken sprechen schon aus moralischer Sicht gegen die Weiterentwicklung des Klonverfahrens von Menschen.

Ein weiteres Argument ist, dass der Klon möglicherweise nicht als ei- 2.2 genständiges Individuum angesehen, sondern auf seine Gene reduziert werden würde. Sein Verhalten oder seine Leistungen würden demnach nicht auf seine individuelle Persönlichkeit, sondern nur auf die Art seiner Entstehung zurückgeführt werden. Das heißt, dass beispielsweise Erfolge in der Schule den „guten Genen“ zugeschrieben und Misserfolge auf „Fehler in der Kopie“ bezogen werden würden. Das hätte zur Folge, dass auf dem Klon ständig hoher Erwartungs- und Leistungsdruck vonseiten der Eltern oder seines Umfelds lasten würde, dem er wahrscheinlich nicht gerecht werden könnte.

Im Zusammenhang mit der Reduzierung des Klons auf die Gene steht auch, dass der Klon immer im Schatten des Originals leben müsste, mit dem er ständig verglichen werden würde. Anders als bei eineiigen Zwillingen, deren Gene ebenfalls identisch sind, gibt es beim Klonen ein Original und eine genetische Kopie. Mit dieser Zuordnung ist auch eine Wertung verbunden, da eine Kopie in der Regel als minderwertiger angesehen wird als das Original. Man denke dabei z. B. an Dinge aus dem Alltag wie technische Geräte oder Markenkleidung, die häufig in asiatischen Ländern kopiert werden und denen man eine schlechte Qualität nachsagt. Wen man dieses Bewertungssystem auch auf eine menschliche Kopie überträgt, hat das für den Klon fatale Folgen. Selbst wenn eine Herabsetzung des Klons nicht beabsichtigt ist, könnte das Wissen, wer das Original und wer der Klon ist, dazu führen, dass das Verhalten des sozialen Umfelds unbewusst beeinflusst wird. 2.3

Monolog **B. 2**

Hallo Mama … Maschine,

ich bin es, Karl, dein maschinen-leiblicher Sohn. Ich habe lange nach dir gesucht. Naja, vielleicht nicht direkt nach dir, sondern vielmehr nach meinen leiblichen Eltern. Du kannst dir sicher vorstellen, was für ein Schock es für mich war, als ich erfahren habe, dass ich nicht normal gezeugt und geboren wurde. Aber trotzdem bin ich jetzt hier. Hier bei dir. Erinnerst du dich überhaupt an mich? Es ist fast 17 Jahren her, dass wir uns zuletzt begegnet sind. Du hast mich damals ganze neun Monate lang in dir getragen, mich ernährt, mir Musik vorgespielt, mich hin und her geschaukelt und ja, auch gewärmt. Was ist jetzt mit dieser Wärme? Mit menschlicher Wärme? Was würde ich nicht alles für eine liebevolle Geste oder ein nettes Wort von dir geben … oder doch wenigstens für irgendeine Reaktion! Erkennst du mich denn nicht? Wenn ich dich anschaue, dann sehe ich mich selbst. Nein, nicht in dir, sondern in der kalten Glasscheibe zwischen uns. Ich sehe mich, den kalten Karl. Vielleicht sind wir uns doch nicht so unähnlich … So kalt wie du bist, kannst du keine echte Mutter sein. Eine Mutter wäre immer für ihr Kind da, wenn es sie braucht. Eine Mutter würde ihm Liebe, Wärme und Vertrauen schenken. Als Kind würde man sich bei seiner Mutter sicher und geborgen fühlen, egal was kommt. Sie würde einen trösten oder einem Mut zusprechen, wenn man traurig ist oder Angst hat … so wie ich jetzt. Und was machst du? Nichts! Ist es nicht all das, was eine Mutter eigentlich ausmacht? Du hast mich vielleicht geboren, aber du bist nicht meine Mutter! Du bist nur eine seelenlose Gebärmaschine. Mehr nicht!

Der Romanauszug hat mich nachdenklich gestimmt. Die darin beschriebene Entwicklung in der Fortpflanzungsmedizin hat sicherlich gute Seiten, denn sie kann z. B. Paaren ihren Kinderwunsch erfüllen, aber eben auch negative, wie am Beispiel Karls erkennbar ist. Im Grunde geht es im Text darum, wie man generell mit dem technischen Fortschritt umgeht. Dieses Thema verliert nie an Aktualität und ist damals wie heute von Bedeutung. So sehr neue Entdeckungen und Entwicklungen zu begrüßen sind, weil sie z. B. unser Leben verbessern oder erleichtern, so sehr sind sie auch mit Verantwortung verbunden, denn die Folgen des Fortschritts sind auf lange Sicht kaum absehbar. Ich hoffe daher, dass die Verantwortlichen aus allen Forschungsbereichen zukünftig nicht nur auf den kurzfristigen Nutzen einer Entdeckung achten, sondern auch die Folgen im Blick behalten. C.

▶ Lösungen Original-Abschlussprüfung 2020

Original-Abschlussprüfung 2020

Aufgabe 1

Aus welchen Gründen bewerben sich Städte um die Ausrichtung der Olympischen Spiele? Welche möglichen Probleme sollten hierbei bedacht werden?

Hinweise zur Erschließung des Themas

Dieses Thema ist zweigliedrig und besteht aus zwei Erörterungsaufträgen. Der erste enthält den Themabegriff „Olympische Spiele“. Eingeschränkt wird dieser Begriff durch „Städte“ und „Ausrichtung“. Der zweite Erörterungsauftrag fragt nach möglichen Problemen, die man dabei bedenken sollte. Diese können bei der Bewerbung, der Ausrichtung und auch noch dann auftreten, wenn die Spiele bereits vorbei sind. Eine Unterscheidung zwischen Winter- und Sommerspielen ist nicht notwendig.

Themabegriff	Olympische Spiele
Einschränkung	Städte, Ausrichtung
Präzisierung	Gründe, warum sich Städte um die Ausrichtung der Olympischen Spiele bewerben; mögliche Probleme, die hierbei bedacht werden sollten
Erörterungsauftrag zweigliedrig	1. Aus welchen Gründen bewerben sich Städte um die Ausrichtung der Olympischen Spiele? 2. Welche möglichen Probleme sollten hierbei bedacht werden?

Stoffsammlung und Strukturierung

Überlegungen zur Einleitung

Sportliche Großereignisse von weltweiter Bedeutung sind häufig Ausgangspunkte für Themen in Abschlussprüfungen und werden daher in der Regel ausführlich im Unterricht behandelt. Deshalb verfügen viele Schüler*innen über Hintergrundwissen zu solchen Themen. Es ist sinnvoll, in der Einleitung auf dieses Hintergrundwissen zurückzugreifen, da bei der Beschreibung der eigenen Einstellung zu den Olympischen Spielen die Gefahr besteht, Argumente vorwegzunehmen. Daher bietet es sich an, stattdessen folgende Varianten für die Einleitung zu nutzen:

- Bedeutung der Olympischen Spiele für die Athleten, z. B. Ehre, für das Heimatland zu starten, Erreichen eines sportlichen Lebensziels, Steigerung des Bekanntheitsgrades, Leistungsvergleich mit den Weltbesten
- Rückblick auf gescheiterte Bewerbungsversuche in den letzten beiden Jahrzehnten, z. B. von Hamburg (Bürger stimmten dagegen), Berlin (nur neun Stimmen bei der Abstimmung des Internationalen Olympischen Komitees bekommen) oder München (Bürgerbegehren gegen die Winterspiele)
- Geschichtlicher Rückblick, z. B. Olympische Spiele in der Antike, bei denen es nicht nur um sportliche Wettkämpfe, sondern auch um die religiöse Bedeutung ging
- Aktuelles Ereignis: Verschiebung der Spiele in Tokyo aufgrund der COVID-19-Pandemie

Vorarbeiten für den Hauptteil

Zur Entwicklung von Leitfragen für deine Stoffsammlung solltest du dir für den ersten Teil des Themas die Frage stellen, was eine Stadt bieten muss und braucht, um ein solches Sportereignis auszurichten. Bei der zweiten Themafrage solltest du nicht nur an die Probleme bei der Bewerbung denken, sondern auch an die bei der Durchführung und die, die vielleicht nach der Ausrichtung zurückbleiben könnten.

Übergeordnete Fragen zur Stoffsammlung

1. Welche Voraussetzungen muss eine Stadt erfüllen, um Olympische Spiele auszurichten?
2. Was verspricht man sich davon?
3. In welchen Bereichen kann es Verbesserungen und positive Auswirkungen geben?
4. Braucht man Unterstützung von außen? Wenn ja, welche?
5. Welche Gefahren / Risiken muss man berücksichtigen?
6. Wer oder was kann die Bewerbung negativ beeinflussen?
7. Welche negativen Auswirkungen können die notwendigen Baumaßnahmen haben?
8. Hat man genügend Zeit, um bei der Planung an alles zu denken? Wie wirkt sich das aus?

Überlegungen zur ersten Themafrage – Aus welchen Gründen bewerben sich Städte um die Ausrichtung der Olympischen Spiele?

Die Frage nach den Voraussetzungen für die Ausrichtung hat eine zentrale Bedeutung für die Beantwortung weiterer Leitfragen, über die du Argumente entwickeln kannst. Eine olympiageeignete Stadt muss moderne und auf alle Sportarten zugeschnittene Sportstätten aufweisen und braucht einen schnellen und leistungsfähigen öffentlichen Nahverkehr für die vielen zu erwartenden Besucher*innen. Nicht zuletzt werden zahlreiche neue Unterbringungsmöglichkeiten benötigt, nicht nur für die rund 11 000 Sportler*innen, sondern auch für ihre Betreuer*innen sowie die Sportfunktionäre bei den Spielen. Da Olympische Spiele die bedeutendsten Sportereignisse auf der Welt sind, liegt nahe, was man sich von ihnen verspricht und wo man Verbesserungen und positive Auswirkungen erwartet. Hierbei geht es nicht nur um die Steigerung des Ansehens und Bekanntheitsgrades, wenn eine Stadt während der Spiele im Mittelpunkt der Medien steht, sondern auch um die Belebung des Tourismus – sowohl vor als auch nach dem Ereignis. Aus den Voraussetzungen für eine Bewerbung und Ausrichtung kannst du auch ableiten, dass Verbesserungen in der Verkehrsinfrastruktur erwartet werden, z. B. im öffentlichen Nahverkehr. Außerdem ist mit dem Bau oder der Modernisierung von Sportstätten (Stadien, Sporthallen, Bädern usw.) und der Umsetzung anderer Bau- und Sanierungsprojekte zu rechnen. Dadurch werden beispielsweise neue Unterbringungsmöglichkeiten geschaffen, die später als Wohnungen dienen können. Dies alles führt zu einem weiteren Bewerbungsgrund: Man erhofft sich durch all die Aktivitäten auch die Entstehung neuer Arbeitsplätze. Die Frage nach der Unterstützung von außen liefert nicht nur einen Hinweis auf mögliche Probleme, sondern auch einen weiteren Grund: Da die Investitionen für eine Stadt allein nicht zu stemmen sind, kann man davon ausgehen, dass auch staatliche Gelder fließen werden – für die Bewerbung und erst recht, wenn die Stadt zum Ausrichter gewählt wurde.

Überlegungen zur zweiten Themafrage – Welche möglichen Probleme sollten hierbei bedacht werden?

Wie bei jedem Großereignis muss man auch bei einer Bewerbung und Ausrichtung der Olympischen Spiele an aktuelle wie zukünftige Gefahren und Risiken denken. Hierbei stehen die Themen Sicherheit (Stichwort Terrorismus) und aus aktuellem Anlass auch die Gefahr von Infektionen im Mittelpunkt. Bei der Frage nach negativen Einflüssen auf eine Bewerbung könnte dir einfallen, dass

Proteste in der Bevölkerung und mangelnde Unterstützung durch Politik und Wirtschaft schon oft die Finanzierung gefährdeten oder Bewerbungen scheitern ließen (siehe Gedanken zur Einleitung). Die entstehenden Kosten sind wohl enorm und stellen eine Schuldenfalle dar. Aus den Antworten zur ersten Themafrage lässt sich schließen, dass es zu umfangreichen Baumaßnahmen kommen muss, die negative Auswirkungen haben können. Es wird z. B. zu einer weiteren Belastung der Umwelt kommen, etwa durch Flächenversiegelung, Verschwinden von Grünflächen oder die Zunahme des Verkehrs. Wenn man sich näher mit den Olympischen Spielen befasst, weiß man, dass zwischen dem Zuschlag und der Austragung in der Regel wenig Zeit bleibt. Somit wird klar, was für ein großes Problem der Zeitmangel darstellt, durch den es zu Fehlern in der Planung und Bauausführung, zu unfertigen Anlagen oder dazu kommen kann, dass man nach den Spielen keine Verwendung für bestimmte Gebäude hat.

Überlegungen zum Schlussgedanken

Am Ende kannst du deine eigene Meinung zu den Olympischen Spielen begründet darstellen, die Dopingproblematik anführen oder kritisieren, dass es, vor allem dem Internationalen Olympischen Komitee, allzu oft nur um das Geld geht und der Sport in den Hintergrund tritt. Auf der anderen Seite sind Olympische Spiele noch immer ein friedliches Fest der Völker und die Teilnahme oder gar ein Sieg ist das Höchste, was Sportler*innen erreichen können. Wenn ihr euch im Unterricht näher mit dem Thema beschäftigt habt, weißt du vielleicht, dass sich das Ruhrgebiet möglicherweise für Olympia 2032 bewerben wird. Darauf kannst du eingehen und kurz deine Hoffnungen oder Befürchtungen diesbezüglich schildern.

Falls du diesen Punkt noch nicht in der Einleitung erwähnt hast, kannst du aus aktuellem Anlass auch auf die Verschiebung der Spiele von 2020 wegen COVID-19 verweisen. Du kannst auch auf die Folgen für Athletinnen und Athleten und die Stadt Tokyo eingehen oder über die Bedingungen für eine Durchführung im Sommer 2021 nachdenken.

Gliederungsvorschlag

✎ **Hinweis:** *Die Gliederungspunkte für Einleitung, Hauptteil und Schluss können je nach Vorgabe deiner Lehrkraft einheitlich in ganzen Sätzen oder im Nominalstil formuliert sein.*

A. Rückblick auf gescheiterte Bewerbungsversuche deutscher Städte wie Hamburg, Berlin oder München

B. Gründe für die Bewerbung von Städten um die Ausrichtung Olympischer Spiele und mögliche Probleme, die hierbei bedacht werden sollten

1 Gründe für die Bewerbung von Städten um die Ausrichtung Olympischer Spiele

1.1 Steigerung des Bekanntheitsgrades und des Ansehens in der Welt
1.2 Belebung des Tourismus
1.3 Förderung von Bau- und Sanierungsprojekten
1.4 Verbesserung der Ausstattung mit Sportstätten
1.5 Optimierung der Verkehrsinfrastruktur
1.6 Zufluss staatlicher Gelder in die Region
1.7 Entstehung neuer Arbeitsplätze

2 Mögliche Probleme, die hierbei bedacht werden sollten

2.1 Berücksichtigung eventueller Infektionsgefahren
2.2 Mangelnde Unterstützung durch Politik und Wirtschaft
2.3 Proteste in der Bevölkerung
2.4 Belastung der Umwelt
2.5 Zeitmangel bei der Planung und Umsetzung
2.6 Gefahr durch Terrorismus
2.7 Hohe Kosten und drohende Verschuldung

C. Ausblick auf die mögliche Bewerbung der Region Rhein-Ruhr für die Olympischen Sommerspiele 2032

Aufgabe 2

Welche Möglichkeiten eröffnen Schülerzeitungen in digitaler Form? Welche Herausforderungen können damit verbunden sein?

Hinweise zur Erschließung des Themas

Dieses Thema ist zweigliedrig. Es besteht aus zwei Erörterungsaufträgen, die sich mit dem Themabegriff „Schülerzeitung“ beschäftigen. Der Begriff ist eingeschränkt durch den Zusatz „in digitaler Form“. Du musst also zum einen erörtern, welche Möglichkeiten Schülerzeitungen in digitaler Form eröffnen (= bieten), und zum anderen, welche Herausforderungen mit dieser Art einer Schülerzeitung verbunden sein können.

Themabegriff	Schülerzeitung
Einschränkung	in digitaler Form
Präzisierung	Möglichkeiten digitaler Schülerzeitungen; Herausforderungen, die damit verbunden sein können
Erörterungsauftrag zweigliedrig	1. Welche Möglichkeiten eröffnen Schülerzeitungen in digitaler Form? 2. Welche Herausforderungen können damit verbunden sein?

Stoffsammlung und Strukturierung

Überlegungen zur Einleitung

Zunächst besteht die Möglichkeit, in der Einleitung zu klären, was man unter einer digitalen Schülerzeitung versteht (= Beiträge von Schülerinnen und Schülern, die mit einem digitalen Endgerät aufgerufen werden können). Bei der Definition musst du dich auf die technischen Gesichtspunkte beschränken, weil sonst die Gefahr zu groß ist, Argumente aus dem Bereich der Möglichkeiten anzusprechen.

Weitere Einleitungsgedanken kannst du aus Erfahrungen, die du mit einer Schülerzeitung an deiner Schule gemacht hast, gewinnen. Du kannst z. B. deine Arbeit beschreiben, wenn du selbst in der Redaktion mitarbeitest, oder darüber berichten, ob es bei dir an der Schule eine Schülerzeitung in gedruckter Form gibt und wie gut sie bei den Schülerinnen und Schülern ankommt. Vielleicht ist bei euch aber auch schon eine Schülerzeitung in digitaler Form verfügbar oder es wird aktuell darüber diskutiert, ob auf ein solches Format umgestellt werden soll. Achte in der Einleitung unbedingt darauf, dass keine Argumente vorweggenommen werden.

Vorarbeiten für den Hauptteil

Denke bei deinen Vorüberlegungen an die Vorzüge digitaler Medien und des Internet im Allgemeinen und stelle sie den Möglichkeiten und Eigenschaften einer gedruckten Schülerzeitung gegenüber. So fällt es dir leichter, übergeordnete Leitfragen für die Stoffsammlung zu formulieren.

Übergeordnete Fragen zur Stoffsammlung

1. In welcher Form kann man eine digitale Schülerzeitung präsentieren?
2. Welche zusätzlichen Möglichkeiten besitzt die digitale Zeitung gegenüber der Druckform?
3. Welche Vorteile hat die digitale Zeitung für die Leser*innen und Zeitungsmacher*innen?
4. In welchen Bereichen ist eine digitale Schülerzeitung für die Redaktion mit größeren Herausforderungen verbunden als die gedruckte Form?
5. Welche weiteren Herausforderungen bringt eine digitale Veröffentlichung mit sich?
6. Welche Gefahren sind mit dem Internet im Allgemeinen verbunden?

Überlegungen zur ersten Themafrage – Welche Möglichkeiten eröffnen Schülerzeitungen in digitaler Form?

Aus der Leitfrage, in welcher Form eine digitale Schülerzeitung im Internet präsentiert werden kann, ergeben sich weitere Fragen und Antworten. Zum einen kann eine digitale Schülerzeitung in Form einer Homepage eingerichtet werden, zum anderen gibt es auch kostenlose Software, um einen Blog zu gestalten. Im Gegensatz zur gedruckten Form hat man zusätzlich die Möglichkeit, die Textbeiträge mit Audiodateien, Videos, Slideshows usw. zu ergänzen. Vor allem bei Blogs ist eine aktive Beteiligung der Leser*innen möglich (Kommentarfunktion), auf die die Autorinnen und Autoren wiederum sofort eingehen können (Interaktivität). Zudem bietet die digitale Form eine Archivmöglichkeit zum Auffinden älterer Beiträge an.

Die Vorteile für die Leser*innen bestehen neben der Interaktivität in der leichten Verfügbarkeit zu jeder Zeit und an fast jedem Ort über eines der weitverbreiteten digitalen Endgeräte, z. B. Smartphones oder Tablets. Sowohl für die

Leser*innen als auch für die Zeitungsmacher*innen ist die Möglichkeit der schnellen Aktualisierung der Informationen von Vorteil. Fragt man weiter nach den Vorteilen für die Zeitungsmacher*innen, so kommt man darauf, dass sie über ein unbegrenztes Platzangebot verfügen und die Druckkosten einsparen. Mit der neuen Form der Schülerzeitung besteht auch die Möglichkeit, an die digitalisierte Lebenswelt der Jugendlichen anzuknüpfen und somit mehr Mitschüler*innen anzusprechen und weitere Leser*innen zu gewinnen.

Überlegungen zur zweiten Themafrage – Welche Herausforderungen können damit verbunden sein?

Bei der Frage nach den Herausforderungen für die Zeitungsmacher*innen ist zunächst einmal an die Erstellung und Pflege der Homepage oder des Blogs zu denken. Die Redaktionsmitglieder müssen im Umgang mit der entsprechenden Software sicher sein und müssen damit rechnen, dass der zeitliche Aufwand für die kontinuierliche Aktualisierung und Pflege sehr hoch ist. Außerdem fallen wahrscheinlich die Einnahmen durch Verkauf und Werbung weg und es kann zu inhaltlichen und formalen Fehlern kommen, die sich durch die schnelle Möglichkeit der Veröffentlichung einschleichen können. Weitere Herausforderungen ergeben sich aus der Veröffentlichung im Internet und den allgemeinen Gefahren, die dort lauern können. Mussten bei der gedruckten Form schon viele rechtliche Bestimmungen beachtet werden, werden diese durch Datenschutzverordnungen noch komplexer. Zudem können neue Bestimmungen hinzukommen, die sich durch die Einbindung weiterer Medien ergeben (Urheberrecht, Telemediengesetz). Nicht zuletzt kann die Interaktivität auch dazu genutzt werden, dass man als Verantwortliche*r der Gefahr von Hasskommentaren ausgesetzt ist.

Überlegungen zum Schlussgedanken

Hier kommt zunächst eine Abwägung zwischen den Möglichkeiten und Herausforderungen in Betracht. Des Weiteren kannst du auch deine Meinung darstellen, je nachdem ob du die digitale oder die gedruckte Form bevorzugst. Begründe deine Überlegungen jeweils mit den für dich stichhaltigsten Argumenten.

Man könnte sich auch grundsätzlich mit der Nutzung digitaler Medien beschäftigen und darauf eingehen, dass Jugendliche viel Zeit mit digitalen Medien verbringen. Eine digitale Schülerzeitung würde dies noch verstärken.

Gliederungsvorschlag

Hinweis: *Die Gliederungspunkte für Einleitung, Hauptteil und Schluss können je nach Vorgabe deiner Lehrkraft einheitlich in ganzen Sätzen oder im Nominalstil formuliert sein.*

A. Aktuelle Diskussion über eine digitale Schülerzeitung an der eigenen Schule

B. Möglichkeiten einer Schülerzeitung in digitaler Form und Herausforderungen, die damit verbunden sein können

1 Möglichkeiten einer Schülerzeitung in digitaler Form

1.1 Auffindbarkeit älterer Artikel in einem Archiv
1.2 Anknüpfung an die digitalisierte Lebenswelt der Schüler*innen
1.3 Unbegrenztes Platzangebot
1.4 Unkomplizierte Verfügbarkeit über das Internet
1.5 Einsparung der Druckkosten
1.6 Schnelle Aktualisierbarkeit der Informationen
1.7 Möglichkeit zur Einbindung von Videos und Audiodateien
1.8 Möglichkeit zur interaktiven Nutzung

2 Mögliche Herausforderungen einer Schülerzeitung in digitaler Form

2.1 Erforderlichkeit eines sicheren Umgangs mit der Software
2.2 Hoher Zeitaufwand für die kontinuierliche Aktualisierung der Inhalte
2.3 Gefahr inhaltlicher und formaler Fehler durch zu schnelle Veröffentlichung
2.4 Gefahr von Hasskommentaren unter Beiträgen
2.5 Wegfall der Einnahmen aus dem Verkauf und der Werbung
2.6 Komplexe rechtliche Bestimmungen für Bild-, Audio- und Textmaterial

C. Bedauern über den möglichen Wegfall des gewohnten Umgangs mit der gedruckten Form

Aufgabe 3

Wodurch zeichnet sich eine reife Persönlichkeit aus? Was trägt zur Persönlichkeitsentwicklung bei?

Hinweise zur Erschließung des Themas

Der Themabegriff dieser zweigliedrigen Aufgabenstellung lautet „Persönlichkeit". Im ersten Teil wird er durch das Adjektiv „reife" eingeschränkt und im zweiten durch den Wortbestandteil „-entwicklung". Der erste Erörterungsauftrag fragt nach Merkmalen einer reifen Persönlichkeit, der zweite nach Beiträgen, durch die sich die Persönlichkeit entwickeln kann. Beide Themafragen sind offen und allgemein formuliert. Du sollst daher die für dich wichtigsten Merkmale einer reifen Persönlichkeit erörtern und die bedeutendsten Beiträge zur Persönlichkeitsentwicklung herausarbeiten. Da im ersten Teil des Themas nach einer reifen Persönlichkeit gefragt wird, also nach positiven Eigenschaften, kann man sich wohl auch bei den Beiträgen zur Persönlichkeitsentwicklung auf die Einflüsse beschränken, die sich positiv auswirken.

Themabegriff	Persönlichkeit
Einschränkung	reife, -entwicklung
Präzisierung	Merkmale einer reifen Persönlichkeit; Einflüsse, die zur Persönlichkeitsentwicklung beitragen
Erörterungsauftrag zweigliedrig	1. Durch welche Merkmale zeichnet sich eine reife Persönlichkeit aus? 2. Was trägt zur Persönlichkeitsentwicklung bei?

Stoffsammlung und Strukturierung

Überlegungen zur Einleitung

Das Thema ist sehr anspruchsvoll und komplex. Dies beginnt schon bei der Formulierung eines Einleitungsgedankens. In einem derartigen Fall ist es oft sinnvoll, an das eigene Wissen anzuknüpfen und sich zu fragen: Was ist „Persönlichkeit" eigentlich? Bei diesem Stichwort denken viele wahrscheinlich an den Charakter einer Person, also an die Art und Weise, wie sie handelt. Die Persönlichkeit eines Menschen wird aber noch durch weitere Aspekte bestimmt, etwa das Temperament, das Wissen, die Art und Weise, wie jemand kommuniziert, das Benehmen oder das Verhalten gegenüber Mitmenschen usw. Aus diesen Überlegungen lässt sich eine Hinführung zum Thema formulieren.

Vorarbeiten für den Hauptteil

Die beiden einschränkenden Begriffe bedürfen einer Klärung. Es stellt sich also die Frage, was das Wort „reif" im Zusammenhang mit Persönlichkeit bedeutet. Man spricht oft von einer gereiften Persönlichkeit, das meint nichts anderes, als dass ein Mensch durch Lebenserfahrung geprägt und innerlich gefestigt ist. „Reif" hat hier also eine eindeutig positive Bedeutung. Auch der Begriff „-entwicklung" muss näher betrachtet werden. Du weißt, dass eine Entwicklung sowohl in die positive als auch negative Richtung gehen kann. Aufgrund der ersten Einschränkung ist aber davon auszugehen, dass es um eine positive Persönlichkeitsentwicklung gehen soll.

Übergeordnete Fragen zur Stoffsammlung

1. Welche grundlegenden Fähigkeiten besitzt eine Person mit einer reifen Persönlichkeit?
2. Welche grundlegenden Fähigkeiten braucht ein Mensch, um sich weiterzuentwickeln?
3. Welche Fähigkeiten zeichnet eine Person mit einer reifen Persönlichkeit im Umgang mit den Mitmenschen aus?
4. Welche Lebensbereiche/-umstände haben Einfluss auf die Persönlichkeitsentwicklung?
5. Welche Einflüsse aus dem privaten und sozialen Umfeld tragen zur Entwicklung bei?
6. Wie beeinflussen Schule und Beruf die Persönlichkeitsentwicklung?
7. Welche Rolle spielen Gesellschaft und Lebensumstände bei der Entwicklung?
8. Welche Erlebnisse und Erfahrungen können einen Beitrag zur Entwicklung leisten?

Überlegungen zur ersten Themafrage – Durch welche Merkmale zeichnet sich eine reife Persönlichkeit aus?

Über die Frage nach den grundlegenden Fähigkeiten, die eine Person mit einer reifen Persönlichkeit besitzt, erhältst du erste wesentliche Eigenschaften einer reifen Persönlichkeit. Dazu gehört die Bereitschaft, Verantwortung für sich selbst und andere Menschen zu übernehmen, aber auch die Fähigkeit, sein Leben

selbst zu bestimmen. Wichtige Eigenschaften sind zudem das Bewusstsein über eigene Stärken und Schwächen sowie eine positive Lebenseinstellung. Schließlich ist für eine reife Persönlichkeit auch der Besitz von Selbstvertrauen von großer Bedeutung. Es gibt noch weitere Merkmale, die infrage kommen. Man sollte sich aber auf einige wesentliche beschränken, damit der Aufsatz nicht zu lang wird.
Nun suchst du nach Antworten auf die Frage, welche Fähigkeiten ein Mensch benötigt, um sich weiterzuentwickeln. Dafür ist zunächst die Bereitschaft zur Veränderung und Weiterentwicklung von Bedeutung, denn das Leben besteht aus einem lebenslangen Lernprozess. Es geht auch darum, aus Fehlern lernen zu können. Eigene Fehler kann man aber nur erkennen, wenn man in der Lage ist, objektiv über sich selbst nachzudenken.
Die Frage, welche Fähigkeiten eine Person mit einer reifen Persönlichkeit im Umgang mit Mitmenschen auszeichnet, kann zu vielen Antworten führen, sodass man sich auch hier auf einige zentrale Aussagen beschränken sollte. Ein Beispiel ist eine ausgeprägte Kommunikations- und Konfliktfähigkeit, um Konflikte durch Missverständnisse zu vermeiden und einen friedlichen und positiven Umgang miteinander sicherzustellen. Ein anderes Beispiel sind die Schlüsselqualifikationen, von denen dir viele aus dem Unterricht bekannt sein sollten. Darunter versteht man Fähigkeiten, die über fachliche Kompetenzen hinausgehen. Da es um den Umgang mit den Mitmenschen geht, sind emotionale und soziale Schlüsselqualifikationen entscheidend. Die Formulierung als Oberpunkt ermöglicht es dir, dein Argument mit verschiedenen Schlüsselqualifikationen zu veranschaulichen. Beispiele sind Einfühlungsvermögen (Empathie), Teamfähigkeit, die Fähigkeit, Kontakte zu knüpfen und Beziehungen aufrechtzuerhalten, Respekt, Toleranz, Kompromissbereitschaft und Umgangsformen.

Überlegungen zur zweiten Themafrage – Was trägt zur Persönlichkeitsentwicklung bei?

Um die zweite Themafrage beantworten zu können, solltest du zunächst darüber nachdenken, welche Lebensbereiche oder -umstände Einfluss auf die Persönlichkeitsentwicklung haben können und wie dieser Einfluss jeweils konkret aussieht: Die Beiträge des privaten und sozialen Umfeldes stammen wohl im Wesentlichen von den Eltern, der Art und Weise ihrer Erziehung, den Erfahrungen, die man im Kindergarten macht, und dem, was man mit Freunden oder anderen sozialen Kontakten erlebt und durch diese lernt. Auch Schule und Beruf tragen zur Entwicklung der Persönlichkeit bei, z. B. beeinflusst der Unterricht, was und wie man lernt. Die sozialen Erfahrungen in der Klasse stellen zudem wichtige Einflüsse dar, etwa im Hinblick auf das Selbstvertrauen oder die Kommunikationsfähigkeit. Ähnlich verhält es sich mit der Ausbildung und der Arbeitswelt. Auch hier sind bestimmte positive Persönlichkeitsmerkmale gefordert oder werden weiterentwickelt, z. B. Teamfähigkeit oder die Bereitschaft, Verantwortung zu übernehmen. Außerdem spielen auch die Gesellschaft und die Lebensumstände eine Rolle. Beispiele sind hier die Medien oder Idole, deren positive Eigenschaften man sich zum Vorbild nehmen kann. Schließlich ist auch all das, was man erlebt, von Bedeutung. Das können Misserfolge und Krisen, große Enttäuschungen, aber auch Erfolge, Selbstbestätigung durch gute Leistungen, Gewinn an Ansehen oder eine glückliche Partnerschaft sein. Beispiele zu den Einflussfaktoren aus den einzelnen Lebensbereichen kannst du sehr gut von deinen persönlichen Erfahrungen ableiten.

Überlegungen zum Schlussgedanken

Eine Möglichkeit, um das Thema abzurunden, besteht darin, kurz Beispiele zu beschreiben, die bei dir positive Persönlichkeitsmerkmale entwickelt oder bestärkt haben.

Auch der Aspekt, dass Persönlichkeitsentwicklung ein lebenslanger Lernprozess ist, der durch Erfahrungen, Ereignisse und neue Herausforderungen angeregt wird, eignet sich für eine kurze begründete Darstellung.

Schließlich könntest du nach der Auseinandersetzung mit den Merkmalen einer reifen Persönlichkeit diejenigen herausgreifen, die für dich im Beruf oder im Privatleben die bedeutendste Rolle spielen.

Ebenfalls wäre ein Ausblick auf negative Einflüsse auf die Persönlichkeitsentwicklung denkbar, z. B. durch falsche Freunde, Drogen oder seelische Verletzungen.

Gliederungsvorschlag

Hinweis: *Die Gliederungspunkte für Einleitung, Hauptteil und Schluss können je nach Vorgabe deiner Lehrkraft einheitlich in ganzen Sätzen oder im Nominalstil formuliert sein. Für die Formulierung der Gliederungspunkte zur zweiten Themafrage wurden Oberpunkte gewählt. Dies erleichtert eine umfangreiche Begründung und Veranschaulichung mit Beispielen.*

A. Definition des Begriffes „Persönlichkeit“

B. Merkmale einer reifen Persönlichkeit und Einflüsse, die zur Persönlichkeitsentwicklung beitragen

1 Merkmale einer reifen Persönlichkeit

1.1 Bereitschaft, Verantwortung für sich und andere zu übernehmen
1.2 Fähigkeit, sein Leben selbst zu bestimmen
1.3 Bewusstsein über eigene Stärken und Schwächen
1.4 Besitz einer positiven Lebenseinstellung
1.5 Bereitschaft zur Veränderung und Weiterentwicklung
1.6 Fähigkeit, aus Fehlern zu lernen
1.7 Fähigkeit, objektiv über sich nachzudenken
1.8 Ausgeprägte Kommunikations- und Konfliktfähigkeit
1.9 Besitz von Selbstvertrauen
1.10 Besitz von sozialen und emotionalen Schlüsselqualifikationen

2 Einflüsse, die zur Persönlichkeitsentwicklung beitragen

2.1 Privates und soziales Umfeld
2.2 Schule und Beruf
2.3 Gesellschaft und Lebensumstände
2.4 Prägende Erfahrungen und Erlebnisse

C. Darstellung der Persönlichkeitsentwicklung als lebenslanger Lernprozess

Aufgabe 4

Leben im ländlichen Raum – erörtern Sie die Vorteile, aber auch mögliche Probleme.

Hinweise zur Erschließung des Themas

Den Themabegriff „ländlicher Raum" findest du hier bereits im Vorspann. Eingeschränkt wird er durch das Wort „Leben". Es geht also darum, dort zu wohnen, seinen sozialen Mittelpunkt zu haben und im günstigsten Fall auch dort zu arbeiten. Die beiden Erörterungsaufträge des zweigliedrigen Themas fragen nach den Vor- und Nachteilen des Lebens im ländlichen Raum.
Besonders wichtig bei der Bearbeitung dieses Themas ist, dass der etwas komplexe Begriff „ländlicher Raum" geklärt wird. Wie du aus dem Geographieunterricht weißt, geht es dabei nicht um das Wohnen auf einem Bauernhof oder in einem kleinen Weiler mit nur wenigen Häusern. „Ländlicher Raum" umfasst vielmehr die dörflichen und kleinstädtischen Strukturen außerhalb unserer Verdichtungsräume, also der großen Städte.

Themabegriff	ländlicher Raum
Einschränkung	Leben
Präzisierung	Vorteile des Lebens im ländlichen Raum; mögliche Probleme
Erörterungsauftrag zweigliedrig	1. Welche Vorteile hat das Leben im ländlichen Raum? 2. Welche Probleme können sich daraus ergeben?

Stoffsammlung und Strukturierung

Überlegungen zur Einleitung

Einen Einleitungsgedanken kannst du aus der kurzen Beschreibung deiner eigenen Lebenssituation, also wo (Ort, Größe, Lage) und wie (Wohnung, Haus etc.) du wohnst, entwickeln. Dabei darfst du keine Wertungen abgeben, da diese schon Argumente des Hauptteils sein könnten.
Mithilfe deiner Kenntnisse aus dem Geographieunterricht solltest du eine kurze Erklärung des Begriffs „ländlicher Raum" formulieren können. Im Wesentlichen versteht man darunter die Gebiete außerhalb der Verdichtungsräume (Großstädte), die von Dörfern, Klein- und Mittelstädten geprägt sind. Nachdem

du den Begriff erklärt hast, kannst du auch deine eigene Lebenssituation einordnen.
Möglich ist auch eine Hinführung über persönliche Erfahrungen: Viele Kinder, die in der Großstadt aufgewachsen sind, haben z. B. die Erfahrung von „Ferien auf dem Bauernhof" gemacht. Für Kinder, die auf dem Land aufgewachsen sind, waren dafür erste Besuche in der nächsten Großstadt aufregende Ereignisse. In jedem Fall sind aber auch hier Wertungen zu vermeiden.

Vorarbeiten für den Hauptteil

Zunächst solltest du dir Gedanken machen, welche Bereiche der Begriff „Leben" umfasst, da neben dem Wohnen noch weitere Aspekte dazugehören. Zur Erarbeitung der Vorteile und eines Teils der Nachteile ist es hilfreich, wenn du konkrete Beispiele von Kleinstädten oder Dörfern vor Augen hast. Möglicherweise befindet sich dein Wohn- und Lebensumfeld dort. Dann ist es sinnvoll, zu überlegen, was du an diesem Leben gut findest und was eher negativ ist. Mögliche Probleme des Lebens auf dem Land findest du auch, wenn du ein konkretes Großstadtbeispiel benutzt, um zu überlegen, was du im Vergleich dazu auf dem Land nicht ohne Weiteres vorfindest oder wofür du weite Wege zurücklegen musst. Solltest du in der Großstadt leben, so kannst du dich fragen, was du dort an den Lebensumständen positiv oder negativ findest. Im Umkehrschluss lassen sich daraus Vorteile und Probleme des Lebens im ländlichen Raum ableiten. Die Leitfragen 3 und 4 solltest du aus deiner jeweiligen Sicht (Lebenssituation) stellen.

Übergeordnete Fragen zur Stoffsammlung

1. Welche Bereiche umfasst der Begriff „Leben"?
2. Welche Gesichtspunkte stehen für eine gute Lebensqualität?
3. Was gefällt mir am Leben im ländlichen Raum? / Was finde ich am Leben in der Großstadt weniger gut?
4. Was vermisse ich im ländlichen Raum im Vergleich zur Großstadt? / Was finde ich am Leben in der Großstadt besonders gut? / Was ist mir wichtig?

Überlegungen zur ersten Themafrage – Welche Vorteile hat das Leben im ländlichen Raum?

Auf die Frage, welche Bereiche der Begriff „Leben" umfasst, lassen sich folgende Antworten finden: Wohnen, Arbeiten, Bildung, Einkaufen, Freizeit, soziale Kontakte, Kommunikation und Mobilität. Zu den Gesichtspunkten, die für eine gute Lebensqualität stehen, zählen zum Beispiel eine saubere Umwelt, wenig

Lärm, Nähe zur Natur, Freizeit- und Kulturangebote, eine gute Gesundheitsversorgung, Sicherheit, gute Einkaufsmöglichkeiten, günstige Wohnungspreise und ein vielfältiges Arbeitsplatzangebot. In der Kombination dieser Ergebnisse mit den Antworten auf die übergeordneten Fragen 3 und 4 ergeben sich eine Reihe von Argumenten. Deine Erfahrungen, sowohl mit dem Leben auf dem Land als auch in der Großstadt, helfen, Begründungen und Beispiele zu finden. Durch die Frage nach positiven Aspekten des Lebens auf dem Land bzw. negativen in der Großstadt erhältst du Antworten, mit denen du die Vorteile des Lebens im ländlichen Raum darstellen kannst. Hier spielen z. B. weniger Stress und Hektik als in der Großstadt eine Rolle. Weniger Menschen, Verkehr und eventuell auch Industrie bedeuten zudem eine geringere Lärmbelastung und Luftverschmutzung. Außerdem ist man der Natur und auch den Erholungsgebieten auf dem Land näher bzw. lebt vielleicht sogar mittendrin. Darüber hinaus sind im ländlichen Raum die Preise beim Einkaufen und für Freizeitaktivitäten nicht so hoch wie in der Stadt, was für günstigere Lebenshaltungskosten spricht. Im Hinblick auf das Wohnen musst du dich fragen, wie es mit den Wohnungspreisen auf dem Land aussieht. Vermutlich weißt du, dass sie in der Stadt deutlich höher sind. Somit bietet das Land günstigere Immobilien- und Grundstückspreise. Hinsichtlich der Sicherheit sollte man sich fragen, wo die Kriminalitätsrate niedriger ist. Beim Gesichtspunkt „soziale Kontakte" könntest du als Bewohner*in eines Dorfes darauf kommen, dass es dort mehr Miteinander gibt und als Bewohner*in der Großstadt weißt du, dass die Anonymität in der Stadt höher ist. Daher kann das soziale Miteinander auf dem Land stärker sein.

Überlegungen zur zweiten Themafrage – Welche Probleme können sich daraus ergeben?

Zu einigen Aspekten, was zum „Leben" gehört und Lebensqualität ausmacht, sind dir vielleicht keine Vorteile, die für den ländlichen Raum sprechen, eingefallen. Diese Punkte überprüfst du jetzt mit der Frage nach den Defiziten auf dem Land bzw. den Vorteilen der Großstadt.

Beim Aspekt „Freizeit" wird dir wohl schnell klar, dass das Angebot, auszugehen, auf dem Land begrenzt ist. Dies gilt ebenfalls für die Freizeitgestaltung im Allgemeinen und das Kulturangebot. Auch hinsichtlich der Einkaufsmöglichkeiten gibt es Einschränkungen, weil nicht alle Arten von Geschäften vorhanden sind oder man weit fahren muss. Genauso verhält es sich bei der Gesundheitsversorgung. Naturgemäß gibt es auf dem Land ein geringeres Angebot oder es ist weiter entfernt. Hinsichtlich der Vielfalt an schulischen Möglichkeiten oder Ausbildungsberufen sind ebenfalls Einschränkungen vorhanden. Auch das Angebot an Arbeitsplätzen ist in der Regel nicht so vielfältig, zumindest was die Art der Tätigkeit angeht. Bei der Mobilität, die auch Teil des Lebens ist, ist zu bedenken, dass der öffentliche Personennahverkehr auf dem Land bei Weitem nicht so gut ausgebaut ist wie in der Großstadt. Zudem sind auch beim Gesichtspunkt „Kommunikation" Mängel vorhanden, z. B. im Telekommunikationsnetz (langsames Internet, Funklöcher). Aus den weiteren Wegen zum Einkaufen, Arbeiten, zur Universität, ins Theater usw. ergeben sich schließlich auch höhere Kosten für die Mobilität.

Überlegungen zum Schlussgedanken

Um das Thema abzurunden, kannst du die Vorteile und Probleme des Lebens auf dem Land aus deiner Sicht abwägen. Deine Entscheidung solltest du mit den für dich ausschlaggebenden Punkten begründen. Ebenso kannst du die Notwendigkeit, die Infrastruktur im ländlichen Raum zu verbessern, anführen und begründet darstellen, in welchen Bereichen dies besonders dringend erscheint, z. B. beim öffentlichen Personennahverkehr und bei der Telekommunikation. Darüber hinaus bietet auch ein Blick in die Zukunft, wo du einmal leben willst, einen reizvollen Abschluss.

Gliederungsvorschlag

Hinweis: *Die Gliederungspunkte für Einleitung, Hauptteil und Schluss können je nach Vorgabe deiner Lehrkraft einheitlich in ganzen Sätzen oder im Nominalstil formuliert sein.*

A. Schilderung von Erinnerungen an die „Ferien auf dem Bauernhof“ in der Kindheit

B. Vorteile und mögliche Probleme des Lebens im ländlichen Raum

1 Vorteile des Lebens im ländlichen Raum

1.1 Niedrigere Kriminalitätsrate
1.2 Weniger Hektik und Stress
1.3 Geringere Lärmbelastung und Luftverschmutzung
1.4 Nähe zur Natur und zu Erholungsgebieten
1.5 Niedrigere Lebenshaltungskosten
1.6 Günstigere Immobilien- und Grundstückpreise
1.7 Mehr soziales Miteinander in der Gemeinde

2 Mögliche Probleme des Lebens im ländlichen Raum

2.1 Geringeres Angebot an Ausgehmöglichkeiten
2.2 Weniger Kultur- und Freizeitangebote
2.3 Eingeschränkte Einkaufsmöglichkeiten
2.4 Weniger Angebote im Gesundheitswesen
2.5 Eingeschränkte Bildungs- und Ausbildungsmöglichkeiten
2.6 Geringeres Arbeitsplatzangebot
2.7 Schlechtere Verbindungen im öffentlichen Nahverkehr
2.8 Mängel im Telekommunikationsnetz
2.9 Höhere Mobilitätskosten durch weite Wege

C. Notwendigkeit der Verbesserung der Infrastruktur im ländlichen Raum

Aufgabe 5

Die Berufswahl stellt eine große Herausforderung dar. Von welchen Überlegungen könnten sich Jugendliche dabei leiten lassen? Wie können sie unterstützt werden?

Hinweise zur Erschließung des Themas

Auch dieses Thema besteht aus zwei Erörterungsaufträgen und ist demnach zweigliedrig. Der Themabegriff „Berufswahl“ wird im Vorspann genannt. Im ersten Erörterungsauftrag gibt es die Einschränkung „Jugendliche“. Hier wird danach gefragt, von welchen Überlegungen sich Jugendliche bei der Berufswahl leiten lassen könnten, also welche Kriterien bei der Wahl eines Berufes eine Rolle spielen können. Der zweite Erörterungsauftrag fragt nach Möglichkeiten, wie man Jugendliche bei ihrer Berufswahl unterstützen kann. Hier geht es unter anderem darum, zu erörtern, was und wer ihnen dabei auf welche Weise helfen kann.

Themabegriff	Berufswahl
Einschränkung	Jugendliche
Präzisierung	Überlegungen, von denen sich Jugendliche bei der Berufswahl leiten lassen könnten; Möglichkeiten zur Unterstützung bei der Berufswahl
Erörterungsauftrag zweigliedrig	1. Von welchen Überlegungen könnten sich Jugendliche bei ihrer Berufswahl leiten lassen? 2. Welche Möglichkeiten zur Unterstützung bei ihrer Berufswahl gibt es?

Stoffsammlung und Strukturierung

Überlegungen zur Einleitung

Auch wenn es verlockend ist, hier etwas zur eigenen Berufsfindung oder Berufswahl zu schreiben, birgt es die Gefahr, dass du damit Argumente vorwegnimmst. Wenn du im Zusammenhang mit deiner Berufsfindung aber darauf gestoßen bist, wie viele Ausbildungsberufe es gibt und wie beliebt diese jeweils sind, bietet es sich an, darüber einen Einleitungsgedanken zu formulieren. Du kannst auch mit einem Überblick darüber, welche Ausbildungsberufe in deiner Klasse oder von deinen Freunden gewählt wurden, zum Thema hinführen.

Schließlich ist auch ein rückblickender Ansatz möglich, z. B. kannst du darüber schreiben, dass der Beruf bei der Generation deiner Großeltern häufig noch von deren Eltern bestimmt wurde.

Vorarbeiten für den Hauptteil

Deine eigenen Erfahrungen bilden einen wichtigen Ansatz für die Formulierung von Leitfragen für deine Stoffsammlung. Dennoch solltest du auch offener darüber nachdenken, da noch andere Überlegungen eine Rolle spielen können und die Themafrage allgemein formuliert ist.

Übergeordnete Fragen zur Stoffsammlung

1. Welche Überlegungen zur Berufswahl hängen direkt mit dem Beruf zusammen?
2. Welche Überlegungen sind eher persönlich geprägt?
3. Wer und was kann Jugendliche bei der Berufswahl unterstützen?
4. Welche Unterstützungsmöglichkeiten besitzt die Familie?
5. Welche Unterstützung kann vonseiten der Betriebe und Unternehmen kommen?
6. Welche Unterstützungsmöglichkeiten bietet die Schule an?

Überlegungen zur ersten Themafrage – Von welchen Überlegungen könnten sich Jugendliche bei der Berufswahl leiten lassen?

Eine ganze Reihe von Überlegungen hängen direkt oder indirekt mit dem Beruf selbst zusammen. Über diese Leitfrage gelangt man zu den Arbeitsbedingungen, dem gesellschaftlichen Ansehen, das der Beruf besitzt, und vielleicht auch zum erreichbaren Einkommen. Hinzu kommen Überlegungen zu den Aufstiegs- und Entwicklungsmöglichkeiten im Beruf und zur Zukunftssicherheit des Berufs, d. h., ob auch noch in einigen Jahrzehnten ein Bedarf dafür vorhanden ist. Ebenso gibt es eine Reihe persönlicher Faktoren, nach denen zu fragen ist und die die Berufswahl ganz entscheidend mitbestimmen. Im Vordergrund stehen dabei persönliche Fähigkeiten und Interessen, mit denen man sich bei der Berufsorientierung wohl am meisten auseinandersetzt. Eine gewisse Rolle spielt auch das Angebot an Ausbildungsplätzen am Wohnort, weil sich viele zunächst vor Ort umschauen. Auch die eigenen gesundheitlichen Voraussetzungen können von Bedeutung sein und z. B. manche Berufe ausschließen. Da die Arbeitsbedingungen eng mit den eigenen gesundheitlichen Voraussetzungen zusammenhängen, kann man sie in der Gliederung in einem Punkt zusammenfassen. Möglicherweise hat auch die berufliche Tätigkeit der Eltern einen Einfluss, da man diese besonders gut kennt und es durchaus sein kann, dass man am Beruf der Eltern Gefallen findet.

Überlegungen zur zweiten Themafrage – Welche Möglichkeiten zur Unterstützung bei ihrer Berufswahl gibt es?

Als Nächstes gilt es, die Frage zu beantworten, wer und was die Jugendlichen bei der Berufswahl unterstützen kann. Aus eigener Erfahrung weißt du vermutlich, dass die Familie dabei eine große Rolle spielt. Aber auch die Betriebe und Unternehmen sowie in besonderem Maße die Schule können einen Beitrag dazu leisten. Die Unterstützungsmöglichkeiten der Familie beginnen beim Rat der Eltern, den man sich in intensiven Gesprächen holen und auf den man vertrauen kann, da die eigenen Eltern einen besonders gut kennen. Zudem können Eltern ihren Kindern auch bei der Berufsorientierung helfen, indem sie für die Berufswünsche ihrer Kinder offen sind. Schließlich können die Eltern ihre Kinder auch motivieren, erste Berufserfahrungen durch Nebenjobs zu sammeln. Das Unterstützungsangebot der Betriebe und Unternehmen besteht beispielsweise aus Ausbildungstagen, Tagen der offenen Tür und dem Angebot von Betriebspraktika. Schließlich leistet auch die Schule wichtige Beiträge, die du wahrscheinlich aus eigener Erfahrung kennst. In vielen Fächern, z. B. in Informationstechnologie, Wirtschafts- und Rechtslehre und in den MINT-Fächern, gibt es berufsbildende Inhalte. Jede Schule bietet zudem ein umfassendes Informations- und Beratungsangebot. So werden beispielsweise Ausbildungsberufe vorgestellt, Sprechstunden der Berufsberatung oder eine Ausbildungsplatzbörse angeboten. Außerdem werden gemeinsam Ausbildungsmessen und das Berufsinformationszentrum der Agentur für Arbeit besucht.

Überlegungen zum Schlussgedanken

Zur Abrundung des Aufsatzes besteht unter anderem die Möglichkeit, kurz darzulegen, welche Gesichtspunkte deine Berufswahl entscheidend beeinflusst haben bzw. warum du deinen Ausbildungsberuf gewählt hast. Solltest du eine weiterführende Schule besuchen wollen, kannst du auch die Beweggründe nennen, warum du deine schulischen Qualifikationen noch erweitern willst und wie deine berufliche Planung für die Zukunft aussieht. Auch die Wirksamkeit und Qualität der Unterstützung, die du erhalten hast, kannst du im Schluss zusammenfassend bewerten.

Gliederungsvorschlag

Hinweis: Die Gliederungspunkte für Einleitung, Hauptteil und Schluss können je nach Vorgabe deiner Lehrkraft einheitlich in ganzen Sätzen oder im Nominalstil formuliert sein.

A. Überblick über die Anzahl und Beliebtheit der Ausbildungsberufe in Deutschland

B. Überlegungen, von denen sich Jugendliche bei der Berufswahl leiten lassen könnten, und Möglichkeiten zur Unterstützung bei ihrer Berufswahl

1 Überlegungen, von denen sich Jugendliche bei der Berufswahl leiten lassen könnten

1.1 Ausbildungsplatzangebot am Wohnort
1.2 Eigene gesundheitliche Voraussetzungen und Arbeitsbedingungen
1.3 Berufliche Tätigkeit der Eltern
1.4 Gesellschaftliches Ansehen des Berufs
1.5 Zukunftssicherheit des Berufs
1.6 Aufstiegs- und Entwicklungsmöglichkeiten im Beruf
1.7 Erreichbares Einkommen
1.8 Persönliche Fähigkeiten und Interessen

2 Möglichkeiten zur Unterstützung bei ihrer Berufswahl

2.1 Unterstützungsmöglichkeiten durch die Familie
2.1.1 Rat der Eltern
2.1.2 Offenheit für Berufswünsche der Jugendlichen
2.1.3 Motivation zu ersten Berufserfahrungen durch Nebenjobs

2.2 Unterstützungsmöglichkeiten durch Betriebe und Unternehmen
2.2.1 Angebot von Ausbildungstagen oder Tagen der offenen Tür
2.2.2 Ermöglichen von Betriebspraktika

2.3 Unterstützungsmöglichkeiten durch die Schule
2.3.1 Berufsbildende Unterrichtsinhalte in vielen Fächern
2.3.2 Informations- und Beratungsangebot
2.3.3 Gemeinsamer Besuch von Ausbildungsmessen und des BIZ

C. Darstellung der entscheidenden Aspekte bei der eigenen Berufswahl

Aufsatzbeispiel

Hinweis: Die Angaben am Rand sind nicht Bestandteil des Aufsatzes, sondern dienen nur deiner Orientierung hinsichtlich Inhalt und Aufbau.

Die Berufswahl stellt eine große Herausforderung dar. Von welchen Überlegungen könnten sich Jugendliche dabei leiten lassen? Wie können sie unterstützt werden?

A. *Einleitung*

Von meiner Suche nach einem Ausbildungsplatz und der Beschäftigung mit dem Thema habe ich in Erinnerung behalten, dass es in Deutschland wahrlich nicht an Ausbildungsberufen mangelt. Ob soziale, kaufmännische, medizinische, handwerkliche oder auch ganz ungewöhnliche Jobs – für alle Schulabgänger*innen findet sich wohl der richtige Beruf. Es gibt ungefähr 450 Ausbildungsberufe, die man erlernen kann. Zu den beliebtesten zählen unter anderem Kaufmann/-frau im Einzelhandel, Kfz-Mechatroniker *in, Industriekaufmann/-frau oder Fachinformatiker *in. Angesichts dieser großen Auswahl bedeutet die Berufswahl für viele sicherlich eine große Herausforderung. *Überleitung* Daher stellt sich in diesem Zusammenhang die Frage, *Erörterungsauftrag als Aussagesatz* von welchen Überlegungen sich Jugendliche bei der Berufswahl leiten lassen könnten und wie man sie dabei unterstützen kann.

B.1 *Hinführung*

Bei den Überlegungen, die für die Wahl eines Berufes eine Rolle spielen, kann das Ausbildungsplatzangebot am Wohnort von Bedeutung sein. *1.1 Behauptung* Viele Jugendliche informieren sich zuerst darüber, welche Berufsmöglichkeiten, die zu ihren Vorstellungen passen könnten, vor Ort angeboten werden. *Begründung* Der Wohnort ist dann wichtig, wenn man den Heimatort für seine Ausbildung nicht verlassen möchte oder z. B. aus finanziellen Gründen nicht kann. *Beispiel* Für einen meiner Mitschüler war von Anfang an klar, dass der Ausbildungsplatz in seinem Dorf sein muss. Deshalb beginnt er nun im September eine Lehre beim örtlichen Schreiner.

1.2 Behauptung Des Weiteren können gesundheitliche Voraussetzungen und die Arbeitsbedingungen für die Berufswahl entscheidend sein. *Begründung* Hat man gesundheitliche Probleme, so können bestimmte Ausbildungsberufe nicht angestrebt werden.

Hinzu kommen die Arbeitsbedingungen, die die Tätigkeit bestimmen, seien es die Arbeitszeiten oder der Ort, an dem der Beruf hauptsächlich ausgeübt wird. Menschen, die unter Asthma leiden, können beispielsweise keine Tätigkeit ausführen, bei der sie mit Staub oder Dämpfen in Berührung kommen. Hier scheiden Berufe wie Bäcker*in, Maler*in und Lackierer*in usw. aus. Will jemand z. B. nicht am Wochenende oder zu unregelmäßigen Zeiten arbeiten, so wird sich diese Person eher nicht für einen Beruf in der Tourismusbranche oder für einen Industrieberuf, der Schichtarbeit erforderlich macht, entscheiden. Menschen, die während der Arbeit gerne draußen in der Natur sind, werden möglicherweise eine Ausbildung im Gartenbau oder der Forstwirtschaft wählen. Das zeigt, dass sowohl die persönlichen gesundheitlichen Voraussetzung als auch die eigenen Wünsche mit den Arbeitsbedingungen des jeweiligen Berufs vereinbar sein müssen. *Beispiele* *Rückführung*

Neben der eigenen Gesundheit und den Arbeitsbedingungen können auch die Eltern durch ihre berufliche Tätigkeit Einfluss auf die Berufswahl ihrer Kinder haben. Sie können den Jugendlichen viele Einblicke in ihren jeweiligen Beruf bieten und so die Entscheidung beeinflussen. Die Mutter einer meiner Mitschülerinnen ist z. B. Chemielaborantin und geht förmlich in ihrem Beruf auf, sodass die Leidenschaft und die positiven Erfahrungen der Mutter die Tochter dazu gebracht haben, den gleichen Beruf zu wählen. Manchmal sind die Eltern auch selbstständig oder haben einen Handwerksbetrieb, sodass die Kinder schon mit dem Beruf aufwachsen und ihn weiterführen wollen oder in manchen Fällen auch müssen. *Überleitung* *1.3 Behauptung* *Begründung* *Beispiele*

Hinzu kommt das gesellschaftliche Ansehen eines Berufes. Auch dies kann die Wahl beeinflussen, wenn es den Jugendlichen wichtig ist, dass ihre berufliche Tätigkeit zu ihrem sozialen Status beiträgt. Wer kennt sie nicht, die Ranglisten der angesehensten Berufe? Danach stehen aktuell Feuerwehrleute, Ärztinnen und Ärzte, Kranken- sowie Altenpfleger*innen und Polizistinnen und Polizisten ganz oben *1.4 Behauptung* *Begründung* *Beispiele* auf der Liste, während Versicherungs- oder Bankkaufleute zu den Berufen mit dem niedrigsten Ansehen gehören.

Wichtig bei der Berufswahl kann nicht nur die Überlegung sein, ob ein Beruf mit einem gewissen Ansehen verbunden ist, sondern auch, ob er eine entsprechende Zukunftssicherheit besitzt. Die Tatsache, dass man seinen Beruf meist das ganze Arbeitsleben lang ausübt, führt zu der Frage, ob die Tätigkeit auch in der Zukunft noch gebraucht wird, denn manche Berufe werden durch den technischen Fortschritt oder andere Entwicklungen immer unwichtiger oder verschwinden sogar ganz. Das gilt beispielsweise für Berufe im Bergbau, der inzwischen kaum noch Bedeutung hat, ebenso wie für seltene Handwerksberufe, z. B. Kürschner*innen, weil man keine Pelze mehr trägt. Auch Glasmacher*innen sind betroffen, weil die Glasherstellung schon seit Langem überwiegend maschinell geschieht. Die zunehmende Digitalisierung wird auch vor Berufen nicht Halt machen, die heute noch gebraucht werden, denn viele Tätigkeiten können in Zukunft von Computern und Robotern übernommen werden, gerade im Bereich der Produktion.

Überleitung
1.5 Behauptung
Begründung
Beispiele
Folgerung

Daneben kann für die Berufswahl auch entscheidend sein, dass der Beruf Aufstiegs- und Entwicklungsmöglichkeiten bietet. Viele wollen Karriere machen, Verantwortung übernehmen oder sich neuen Herausforderungen stellen. Gute Aufstiegschancen ergeben sich bei vielen Beamtenberufen in der Verwaltung oder Justiz. Mit guten Entwicklungsmöglichkeiten Karriere machen, kann man wohl auch in allen IT-Berufen und in den Bereichen Marketing und Kommunikation, während es auch Berufe gibt, die nur für wenige Aufstiegschancen bieten, wie zum Beispiel bei Lehrkräften im Realschulbereich. An meiner Schule, wie an allen anderen auch, gibt es nur wenige Führungspositionen zu besetzen.

1.6 Behauptung
Begründung
Beispiele
Ausweitung

Ganz eng mit den Aufstiegschancen verknüpft, ist auch das erreichbare Einkommen, denn von der Art des Berufs hängt auch das Einkommen ab. Dieses stellt nicht nur die Existenzgrundlage dar, sondern soll nach Möglichkeit auch eine

1.7 Behauptung
Begründung

hohe Lebensqualität sichern und Wünsche erfüllbar machen. Der Fluglotse gilt mit einem Einstiegsgehalt von rund 6 000 Euro als der am besten bezahlte Ausbildungsberuf in Deutschland, wie ich von einem Freund weiß, der sich um eine der seltenen Ausbildungsstellen beworben hat. Oft gibt es schon bei den Ausbildungsvergütungen erhebliche Unterschiede, die sich später auch in der Gehaltsentwicklung fortsetzen können. Ich hätte mir den Beruf der Floristin vorstellen können, doch da verdient man im ersten Lehrjahr nicht einmal 600 Euro.

Beispiel

Ausweitung

Schließlich sollten vor allem die eigenen Interessen und Fähigkeiten Ausgangs- und Mittelpunkt der Überlegungen zur Berufswahl sein. Jeder Beruf erfordert bestimmte Fähigkeiten, weshalb es wichtig ist, sich darüber klar zu werden, welche einen auszeichnen. Auch die persönlichen Interessen sollte man berücksichtigen. Beides ist nicht immer leicht, da uns viele Fähigkeiten gar nicht bewusst sind, weil sie während der Schulzeit nicht zum Tragen kommen. Meine Schwester hat sich zum Beispiel für den Beruf der Bankkauffrau entschieden, da sie kaufmännisches Interesse und Freude am Umgang mit Zahlen und Daten hat. Außerdem hat sie gerne Kontakt zu Kunden, um z. B. Bankgeschäfte für sie abzuwickeln.

1.8 Behauptung

Begründung

Beispiel

Sich seiner Interessen und Fähigkeiten bewusst zu werden, ist in der Phase der beruflichen Orientierung wohl die wichtigste Aufgabe für Jugendliche. Da ist es ratsam, die Unterstützungsmöglichkeiten, die geboten werden, zu nutzen. Diese werden nun im zweiten Teil des Aufsatzes erörtert.

Überleitung zu **B.2**

Zunächst einmal finden Jugendliche Unterstützung in ihrer Familie, wobei dem Rat der Eltern eine besondere Bedeutung zukommt. Denn die Eltern haben in ihrem Beruf und in der Arbeitswelt schon jahrelang Erfahrungen gesammelt. Außerdem kennen sie ihre Kinder gut und sind so in der Lage, deren Interessen und Fähigkeiten einzuschätzen und die Suche nach einem geeigneten Beruf beratend zu begleiten. Mein Vater erinnerte meinen Bruder in einem Gespräch über die Berufswahl einmal daran, wie gerne er in der Kind-

2.1

2.1.1 Behauptung

Begründung

Beispiel

heit mit Holz gearbeitet und gebastelt hatte. Daraufhin informierte sich mein Bruder über Berufe, in denen mit Holz gearbeitet wird. Nun ist er zufrieden und glücklich mit seiner bald abgeschlossenen Schreinerausbildung.

2.1.2 Behauptung
Begründung

Eltern können ihre Kinder auch mit ihrer Offenheit gegenüber deren Berufswünschen unterstützen, da sie so eine intensive Auseinandersetzung mit den Möglichkeiten, Fähigkeiten und Interessen fördern. Offenheit bedeutet auch, dass die Eltern Berufswünsche unterstützen, die ihnen vielleicht nicht zusagen. Die Aufgeschlossenheit kann auch dazu führen, dass Jugendliche sich trauen, über den Tellerrand hinauszublicken, und so auf ungewöhnliche, aber für sie passende Tätigkeiten kommen.

Beispiel

Es kann zum Beispiel sein, dass sich die Eltern gewünscht hätten, dass ihr Kind studiert oder die Familienbäckerei weiterführt, das Kind aber einen anderen, vielleicht seltenen Berufswunsch hat und beispielsweise lieber Sattler*in werden möchte.

Überleitung
2.1.3 Behauptung
Begründung

Neben der Offenheit für die Berufswünsche können die Eltern ihre Kinder auch dazu motivieren, durch Nebenjobs erste Berufserfahrungen zu sammeln. Hierbei bekommt man vielleicht keine Antworten darauf, ob bestimmte Berufe zu einem passen, aber dafür wertvolle Einblicke in die Arbeitswelt im Allgemeinen.

Beispiele

Man lernt Arbeitsabläufe kennen, lernt, Verantwortung zu übernehmen, und macht Bekanntschaft mit einem Acht-Stunden-Tag. Außerdem kann man dadurch bereits Kontakte zu Betrieben knüpfen.

Ausweitung

Oft dienen Eltern zu schlechte schulische Leistungen als Begründung dafür, einen Nebenjob nicht zu erlauben. Sie vergessen dabei aber die positiven Auswirkungen, die diese haben können.

Überleitung zu 2.2

Nicht nur die Familie bietet wertvolle Hilfestellung, auch die Betriebe und Unternehmen leisten wichtige Beiträge zur Unterstützung der Jugendlichen bei der Berufswahl.

2.2.1 Behauptung

Zahlreiche Firmen und Handwerksbetriebe bieten Ausbildungstage oder Tage der offenen Tür an. Damit ermöglichen sie Schülerinnen und Schülern, verschiedene Betriebe kennenzulernen.

Begründung

Die Jugendlichen erhalten auch Einblick in unterschiedliche Ausbildungsberufe und die Art der Tätigkeit sowie einen Überblick über die Voraussetzungen, die man für diese Berufe mitbringen muss. Zudem haben derartige Veranstaltungen einen weiteren Nutzen, da die vielleicht zukünftigen Bewerber*innen auf diese Weise bereits über Kontakte und genaue Informationen darüber verfügen, wie viele und welche Ausbildungsstellen es in dem jeweiligen Betrieb gibt. *Beispiel* Als zukünftige Auszubildende in ihrem Wunschberuf Bankkauffrau nahm meine Schwester vor allem das Angebot von Ausbildungs- und Schnuppertagen der Banken in unserer Umgebung wahr. Danach bewarb sie sich bei den beiden Banken, die ihr am meisten zusagten. *Ausweitung* Dabei war es für sie sicher von Vorteil, in ihren Bewerbungsschreiben darauf zu verweisen, dass sie die Ausbildungstage besucht hatte und welche positiven Eindrücke sie dort gewonnen hatte.

2.2.2 Behauptung Hinzu kommt, dass Unternehmen die Jugendlichen bei der Berufswahl unterstützen können, indem sie Praktika anbieten. *Begründung* Diese sind eine wertvolle Hilfestellung, da sie einen ganz konkreten Eindruck von einem Beruf vermitteln und man somit sehr genau erfährt, welche Fähigkeiten für den Beruf benötigt werden. Die Praktika bieten also eine gute Grundlage, um zu entscheiden, ob die Tätigkeit mit den eigenen Interessen und Fähigkeiten übereinstimmt. *Beispiel* Gerade das vielfältige Angebot an Praktikumsplätzen ermöglichte es vielen aus meiner Klasse nicht nur während des Pflichtpraktikums Erfahrungen zu sammeln, sondern auch in diversen freiwilligen Praktika in den Ferien. *Folge* Dabei darf nicht außer Acht gelassen werden, dass ein erfolgreiches Praktikum, bei dem man einen positiven Eindruck hinterlassen hat, die Bewerbungschancen in dem jeweiligen Unternehmen erhöht.

Überleitung zu 2.3 Neben Familie und Betrieb bietet auch die Schule vielfältige *2.3.1 Behauptung* Unterstützungsmöglichkeiten. Einige davon, wie die berufsbildenden Unterrichtsfächer oder -inhalte, sollen hier näher erläutert werden. *Begründung* In allen Schularten gibt es Fächer oder Unterrichtsinhalte, in denen wichtige Voraussetzungen für das Arbeitsleben geschaffen werden. Das Fach Informationstechnologie, das an der Realschule ab der sechsten Jahrgangsstufe unterrichtet wird, vermittelt beispielsweise die notwendigen Kenntnisse im Umgang mit dem Computer und der dazugehörigen Software. Diese Unterrichtsinhalte sind nicht nur für das Arbeitsleben wichtig, sondern können die Schüler*innen auch dazu anregen, sich später beruflich in die IT-Richtung zu orientieren. Darüber hinaus gibt es viele Fächer, die Inhalte vermitteln, die für die Ausbildungsplatzsuche relevant sind, beispielsweise, wenn es in Deutsch um das Bewerbungsschreiben oder -gespräch geht. *Beispiel* *Ausweitung*

Zusätzlich zu den berufsbildenden Unterrichtsinhalten gibt es an den Schulen ein umfangreiches Beratungs- und Informationsangebot, das von den Beratungslehrkräften koordiniert und organisiert wird, um die Schüler*innen möglichst gut auf die Berufswahl vorzubereiten. Die ersten Ansprechpartner*innen für Informationen zum Thema Beruf sind die jeweiligen Beratungslehrkräfte, die regelmäßig Sprechstunden anbieten. Zusätzlich gibt es eine Reihe von Veranstaltungen, in denen verschiedene Berufe oder Berufsfelder vorgestellt werden, zum Teil geschieht dies auch in Unterrichtsstunden. Neben einem Bewerbertraining gibt es auch die regelmäßigen Sprechstunden der Berufsberatung der Agentur für Arbeit, um nur ein paar Beispiele zu nennen. *2.3.2 Behauptung* *Begründung* *Beispiele*

Um die Jugendlichen bei der Berufswahl zu unterstützen, arbeiten die Schulen auch mit vielen Betrieben und der Agentur für Arbeit zusammen, da diese unter anderem Ausbildungsmessen veranstalten und im Berufsinformationszentrum (BIZ) umfangreiche Informations- und Serviceleistungen zum Thema Beruf und Studium anbieten. Auch wir haben mit der Klasse Ausbildungsmessen und das BIZ besucht. Vor allem die Ausbildungsmessen bieten mit der Vielzahl von Betrieben, die sich dort vorstellen, einen guten Überblick über die Berufsmöglichkeiten im Wohnort oder in der Region. Zudem kann man dort erste persönliche Kon- *Überleitung* *2.3.3 Behauptung* *Begründung* *Beispiele* takte knüpfen und sich mit jungen Auszubildenden über ihre Eindrücke und Erfahrungen austauschen.

Auch ich habe viele der dargestellten Angebote wahrgenommen und bin im Laufe meiner beruflichen Orientierungsphase zu der Überzeugung gelangt, dass ich keinen Ausbildungsberuf ergreifen, sondern Architektur studieren möchte, weil mich Gebäude und das Zeichnen mit CAD-Programmen schon lange interessieren. Deshalb werde ich im Anschluss an die Realschule an die Fachoberschule wechseln, damit ich später studieren darf, am besten mit dem Abitur nach der 13. Klasse.

C.
Schluss

Aufgabe 6

Fast Fashion ist ein aktueller Trend in der Textilbranche. Erörtern Sie die Gründe hierfür sowie bedenkliche Auswirkungen.

Hinweise zur Erschließung des Themas

Auch hier findet sich der Themabegriff „Fast Fashion" im Vorspann. Einschränkungen sind nicht vorhanden. Es wird lediglich der Hinweis gegeben, dass es sich um einen aktuellen Trend handelt. Der Arbeitssauftrag des zweigliedrigen Themas umfasst zum einen die Erörterung der Gründe für diesen aktuellen Trend und zum anderen seine bedenklichen Auswirkungen.
Die wesentlichen Grundlagen für deinen Aufsatz liefert das vorliegende Material. Daher steht eine intensive Auseinandersetzung damit am Anfang deiner Arbeit und bildet einen Schwerpunkt deiner Stoffsammlung. Dabei ist es wichtig, zu überlegen, welche Informationen du für welchen Bereich deines Aufsatzes verwenden kannst. Konkret heißt das: Welche Materialinhalte enthalten Ideen für Argumente? Was kannst du daraus zur Veranschaulichung deiner Argumente verwenden? Welche Informationen können in die Einleitung oder den Schluss einfließen? Die Materialien bestehen überwiegend aus Texten, sodass es sinnvoll ist, wichtige Aussagen zu markieren und zu notieren, wie du sie im Aufsatz verwenden möchtest. Textstellen, Daten oder Aussagen, die du benutzt, müssen als Zitate gekennzeichnet werden, entweder mit der Quellenangabe, z. B. www.spiegel.de, oder mit einem Verweis auf die entsprechende Materialnummer, z. B. M 5.
In einem zweiten Schritt der Stoffsammlung kannst du dann überlegen, ob sich aus dem vorliegenden Informationsmaterial weitere Argumente ergeben könnten bzw. ob du eigene Ideen zum Thema „Fast Fashion" hast, falls du von diesem Begriff bereits gehört hast. Grundsätzlich wird erwartet, dass dem Aufsatz deutlich anzumerken ist, dass das Material gelesen, ausgewertet und sinnvoll verarbeitet wurde.

Themabegriff	Fast Fashion
Einschränkung	keine
Präzisierung	Gründe für den aktuellen Trend „Fast Fashion"; seine bedenklichen Auswirkungen

Erörterungsauftrag zweigliedrig

1. Welche Gründe gibt es für den aktuellen Trend „Fast Fashion“?
2. Welche bedenklichen Auswirkungen hat dieser Trend?

Stoffsammlung und Strukturierung

Überlegungen zur Einleitung und zum Schluss

Du solltest das Material auch auf seine Verwendbarkeit für einen sinnvollen Einleitungs- und Schlussgedanken überprüfen. Infrage kommen für eine Einleitung all jene Aussagen, die keine Argumente vorwegnehmen, z. B. Begriffserklärungen oder Statistiken. Auch eine Kombination aus mehreren Materialaussagen oder eine eigene Hinführung zum Thema sind möglich. Beim Schlussgedanken kannst du ebenfalls eine eigenständige Lösung wählen und z. B. deine persönliche Meinung zum Thema „Fast Fashion“ darstellen. Auch Kenntnisse aus dem Unterricht sind als Vertiefung oder Ausblick möglich (Kinderarbeit, Arbeitsbedingungen, Elend und Armut in den Entwicklungsländern usw.).

Welche Einleitungs- und Schlussgedanken kann ich aus dem Material gewinnen?

- Einleitung:
  - M 1 – Begriffserklärung
  - M 7 – Statistische Angaben zur Entwicklung der Textilproduktion
- Einleitung oder Schluss:
  - M 3 – Aussagen über das Kaufverhalten vieler Menschen
- Schluss:
  - M 13 – Beispiel einer Gegenbewegung

Vorarbeiten für den Hauptteil

Werte das Material zunächst im Hinblick darauf aus, welche Argumente für die beiden Themafragen zu finden oder abzuleiten sind. Zusätzlich solltest du die Materialien auf ihre Verwendbarkeit für Begründungen und Beispiele überprüfen und dies entsprechend markieren. Die Fülle an Materialien macht es sehr schwer, eigene Argumente zu formulieren.

Überlegungen zur ersten Themafrage – Welche Gründe gibt es für den aktuellen Trend „Fast Fashion"?

Für die Herleitung von Argumenten kommen vor allem die Materialien 2, 3, 5, 7, 10, 11 und 13 infrage. Beachte, dass diese nicht nur als Ideen für Argumente dienen können, sondern auch Begründungen und Beispiele zur Veranschaulichung liefern können. Markiere die Informationen entsprechend ihrer Verwendungsmöglichkeit.

M 2, 5:	→ Niedrige Produktionskosten, z. B. durch billige Kunstfasern (M 2, 5) und günstige Transportkosten (M 2)
M 2, 10, 11:	→ Produktion in Billiglohnländern (M 2, 10) mit Hungerlöhnen (M 11)
M 10, 11:	→ Fehlende Produktionsvorschriften (Arbeitsschutz, Menschenrechte)
M 2, 7:	→ Streben nach größtmöglichem Gewinn durch hohe Verkaufszahlen, z. B. durch sehr niedrige Lohnkosten oder immense Stückzahlen
	→ Große Auswahl an Textilien zu Niedrigpreisen
M 3, 13:	→ Stark ausgeprägtes Konsumverhalten vieler Verbraucher*innen

✎ **Hinweis:** *Die Materialien verweisen auf weitere Argumente, die aber auch für viele andere Modearten gelten, z. B. massive Werbung (M 3) oder Verfügbarkeit in großen Mengen (M 7).*

Überlegungen zur zweiten Themafrage – Welche bedenklichen Auswirkungen hat dieser Trend?

Argumente für den zweiten Teil der Themafrage stecken vor allem in den Materialien 2, 4 und 6–11. Auch hier gilt, dass in einzelnen Materialien mehrere Argumente vorhanden sein können.

M 4, 5:	→ Schlechte Qualität der Produkte
M 10:	→ Verhinderung einer nachhaltigen Produktion durch Konkurrenzdruck
M 8, 9:	→ Vergeudung von Ressourcen (Wasser, Öl)
M 7:	→ Förderung der Wegwerfgesellschaft
M 9:	→ Bedeutender Beitrag zum Klimawandel
M 8, 9:	→ Zunahme der Umweltverschmutzung
M 6, 9:	→ Gesundheitsgefährdung für Textilarbeiter*innen und Verbraucher*innen
M 2, 6, 10, 11:	→ Massive Verstöße gegen Menschenrechte, z. B. durch Ausbeutung von Arbeitskräften, Kinderarbeit, schlechte Arbeitszeiten

*✎ **Hinweis:** Die Materialien verweisen auf weitere Argumente, z. B. die Entstehung von viel Textilmüll (M 4, 7). Diese Informationen können entweder zu eigenständigen Argumenten ausgebaut oder zur Veranschaulichung anderer Argumente wie „Schlechte Qualität der Produkte“ oder „Förderung der Wegwerfgesellschaft“ verwendet werden.*

Gliederungsvorschlag

*✎ **Hinweis:** Die Gliederungspunkte für Einleitung, Hauptteil und Schluss können je nach Vorgabe deiner Lehrkraft einheitlich in ganzen Sätzen oder im Nominalstil formuliert sein.*

A. Erklärung des Begriffs „Fast Fashion“

B. Gründe für den aktuellen Trend „Fast Fashion“ und bedenkliche Auswirkungen

1 Gründe für den aktuellen Trend „Fast Fashion“

1.1 Vonseiten der Textilwirtschaft
- 1.1.1 Niedrige Produktionskosten
- 1.1.2 Fehlen strenger Produktionsvorschriften
- 1.1.3 Streben nach größtmöglichem Gewinn durch hohe Verkaufszahlen

1.2 Vonseiten der Verbraucher*innen
- 1.2.1 Große Auswahl an Textilien zu Niedrigpreisen
- 1.2.2 Stark ausgeprägtes Konsumverhalten vieler Verbraucher*innen

2 Bedenkliche Auswirkungen von „Fast Fashion“

2.1 Schlechte Qualität der Produkte
2.2 Verhinderung einer nachhaltigen Produktion durch Konkurrenzdruck
2.3 Vergeudung von Ressourcen
2.4 Förderung der Wegwerfgesellschaft
2.5 Bedeutender Beitrag zum Klimawandel
2.6 Zunahme der Umweltverschmutzung
2.7 Gesundheitsgefährdung für Textilarbeiter*innen und Verbraucher*innen
2.8 Massive Verstöße gegen Menschenrechte

C. Notwendigkeit, sich mit dem eigenen Kaufverhalten bei Textilien auseinanderzusetzen

Aufgabe 7

Andrian Kreye: „Macht süchtig“

Gliederungsvorschlag

Hinweis: *Die Gliederungspunkte für Einleitung, Hauptteil und Schluss können je nach Vorgabe deiner Lehrkraft einheitlich in ganzen Sätzen oder im Nominalstil formuliert sein.*

A. Suchtgefahr durch digitale Medien und Auswirkungen einer solchen Sucht

B. Auseinandersetzung mit der Reportage „Macht süchtig“ und weiterführende Aufgabe

1 Texterschließung

1.1 Inhaltszusammenfassung und Textaufbau
1.2 Bestimmung und Nachweis der Textsorte Reportage
1.3 Beschreibung auffälliger sprachlicher Mittel und deren Wirkung
1.3.1 Wortwahl
1.3.2 Satzbau
1.3.3 Sprachstil
1.4 Erläuterung möglicher Absichten des Verfassers

2 Weiterführende Aufgabe: Erörterung der Möglichkeiten der Eltern, ihre Kinder zu einem vernünftigen Umgang mit digitalen Medien zu erziehen

2.1 Thematisierung der Gefahren digitaler Angebote
2.2 Vereinbarung von festen Nutzungszeiten und Regeln
2.3 Einnehmen einer Vorbildfunktion durch die Eltern

<u>oder</u>:

2 Weiterführende Aufgabe: Dialog zwischen einem medienbegeisterten Jugendlichen und seinen besorgten Eltern

C. Bedeutung der digitalen Medien am Beispiel des coronabedingten „Homeschoolings“

Notizen und Lösungshinweise zu den einzelnen Abschnitten der Gliederung

Einleitung A.

– Basissatz mit Angaben zu Textsorte, Titel, Verfasser, Quelle und Thema des Textes (= Suchtgefahren durch digitale Medien und mögliche Auswirkungen einer solchen Sucht), Überleitung zum Hauptteil

oder:

– eigenständige Hinführung zum Thema des Textes, Überleitung zum Hauptteil mit Angaben zu Textsorte, Titel, Thema, Verfasser, Quelle, z. B.:
  - persönliche Erfahrungen mit Computerspielen und Social Media
  - Erfahrungen mit schulischen Angeboten zur Medienerziehung
  - Umgang mit den digitalen Medien in der eigenen Familie
  - Vorteile der Nutzung digitaler Medien

Inhaltszusammenfassung und Textaufbau B. 1

– Sinnabschnitt 1 (Z. 1–20) – direkter, situationsbezogener Einstieg in das Thema: Schilderung von Eindrücken aus einem Workshop für besorgte Eltern zum Thema „Mediensucht“, der an einer Schule stattfindet 1.1

– Sinnabschnitt 2 (Z. 21–41) – Konkretisierung der Thematik: Darstellung der allgemeinen Besorgnis über die Macht der digitalen Medien, die unter dem Begriff „Techlash“ zusammengefasst wird

– Sinnabschnitt 3 (Z. 42–66) – Fortsetzung der Eindrücke aus dem Workshop: Darstellung der Arbeitsweise und der Ziele des Kursleiters Eberle, der eine bewusste Nutzung digitaler Medien fordert

– Sinnabschnitt 4 (Z. 67–83) – allgemeine Erläuterung der Dimensionen der Mediensucht: Beunruhigung über die große Zahl von Betroffenen und die gefährlichen Folgen für die Gesundheit und Persönlichkeit

– Sinnabschnitt 5 (Z. 84–125) – Darstellung von Ursachen der Sucht: Erläuterung des „Hakenmodells“, demzufolge digitale Angebote so konstruiert werden, dass sie Nutzer*innen gezielt lenken und an sich binden

- Sinnabschnitt 6 (Z. 126–139) – Ausweitung: Hinweis auf Apps, die das „Hakenmodell“ einsetzen, um positive Effekte bei den Nutzerinnen und Nutzern zu bewirken
- Sinnabschnitt 7 (Z. 140–166) – Rückkehr zur konkreten Situation des Suchtberaters Eberle und Darstellung seiner Arbeit: Spielsucht als häufigste Form der Mediensucht, Jungen aus schwierigen Familienverhältnissen als Hauptbetroffene
- Sinnabschnitt 8 (Z. 167–178) – Hinweis auf jüngste Entwicklungen in der Software-Industrie: gegenläufige Trends wie Begrenzung von Nutzungszeiten aufgrund der Gefahr des Umsatzverlustes durch ein zunehmendes Problembewusstsein bei den Kundinnen und Kunden
- Sinnabschnitt 9 (Z. 179–185) – Fazit und Ausblick des Suchtberaters: positive Einschätzung der neuesten Maßnahmen der Technologiekonzerne, dennoch Zweifel am Erfolg seiner Arbeit

Bestimmung und Nachweis der Textsorte Reportage 1.2

- Layout: prägnante Überschrift und Unterüberschrift, die neugierig machen; Angabe des Verfassers an hervorgehobener Stelle und in Großbuchstaben; Zwischenüberschriften; Foto, das Interesse am Text erzeugen will
- Aufgreifen eines aktuellen Themas: die Suchtgefahr durch digitale Medien, die vor allem junge Menschen betrifft
- Betrachtung des Themas aus unterschiedlichen Sichtweisen (Eltern, Suchtberater, Software-Entwickler)
- szenischer Einstieg: Einführung der Thematik durch Schilderung des Workshops und der elterlichen Ängste
- Darstellung basiert auf Fakten: Beschreibung der Ausmaße der Mediensucht (Z. 67–83)
- Wiedergabe von recherchierten Erlebnissen, persönlichen Beobachtungen: Teilnahme am Mediensucht-Workshop (vgl. Z. 1–5 und 43–66)
- Wiedergabe von Zitaten unterschiedlicher Experten (z. B. Z. 90–93, 135–138) und von Zitaten aus anderen Medien (z. B. Z. 71–74)
- „Zoom-Technik“: Wechsel zwischen subjektiv wertenden Abschnitten (z. B. über den Kursleiter Eberle, Z. 43–50, 140 f. und 179–185) und sachlichen Informationen (z. B. über die allgemeine

Besorgnis wegen der Macht digitaler Medien, Z. 21–30, und über die Wirkungsweise von Facebook, Z. 107–125)
- Tempus überwiegend Präsens

Beschreibung auffälliger sprachlicher Mittel und deren Wirkung 1.3

Wortwahl 1.3.1

- zahlreiche Fachbegriffe aus dem Gebiet der digitalen Medien, z. B. „App[s]" (Untertitel, Z. 136, 177), „Techlash" (Z. 23, 168), „The Hook Modell" (Z. 104), „Like" (Z. 117): Zeichen der Fachkenntnis des Autors, Glaubwürdigkeit der Darstellung
- viele Anglizismen, auch Firmen-/Eigennamen, z. B. „Fortnite" (Z. 19, 156), „Facebook" (z. B. Z. 32, 107, 119), „Google-Designer" (Z. 85), „Start-ups" (Z. 134), „Fitbot" (Z. 135), „Kahoot" (Z. 137), „Silicon Valley" (Z. 169 f.): Hinweis auf Sachkenntnis des Verfassers und auf die USA als Trendsetter vieler digitaler Entwicklungen
- Wortwiederholungen, z. B. „süchtig" (Titel, Z. 76, 99), „Sucht" (Z. 127, 149), „Mediensucht" (Z. 2, 42, 60 f., 143), „Suchtmechanismen" (Z. 33 f.), „Onlinesucht" (Z. 68 f.), „Drogensuchtberatung" (Z. 144), „Spielsüchtigen" (Z. 152); „Sog" (Untertitel, Z. 6), „Sogwirkung" (Z. 27); unterschiedliche Formen des Worts „digital" (Untertitel, Z. 17, 76, 113, 118, 126): Betonung der Gefahr, die von digitalen Medien ausgeht
- Alliteration/Klimax: „Gebettel, Gequengel, Geschrei" (Z. 7 f.): eindringliche Veranschaulichung der Situation in vielen Familien, wenn es um die Nutzung digitaler Medien durch Jugendliche geht
- Wortspiel: „Macht süchtig" (Titel): prägnante Diagnose im Zusammenhang mit digitaler Mediennutzung; gleichzeitig Spiel mit dem Begriff „machtsüchtig", bezogen auf die IT-Konzerne, die alles daransetzen, ihre Gewinne zu steigern und Macht auf die Verbraucher*innen auszuüben

Satzbau 1.3.2

- direkte bzw. indirekte Rede, z. B. Z. 55–60, 62–66, 149–151, 161–166 bzw. Z. 31–41, 153–156 usw.: genaue Wiedergabe von Expertenaussagen zur Untermauerung der dargestellten Inhalte und zur Verdeutlichung der Ernsthaftigkeit des Themas

- kurze und teilweise unvollständige Sätze, z. B. Z. 15–18, 54–59, 135–138, 155–158: einfache und prägnante Darstellung der Wirkungsweise digitaler Medien und der Besorgnis der Eltern darüber, Annäherung an mündliche Sprache für eine authentische Wirkung
- Aufzählungen, z. B. Z. 6–8, 26–30, 77–80: Unterstreichung der Gefahren und negativen Auswirkungen der Abhängigkeit von digitalen Medien
- Appositionen, z. B. „der Mitbegründer von Facebook" (Z. 31 f.), „ein grundsympathischer Herr von 46 Jahren" (Z. 44 f.), „ein sogenannter Verhaltensformer" (Z. 94 f.): Charakterisierung und Wertung der Personen durch den Verfasser

Sprachstil 1.3.3

- bildhafte Ausdrücke, z. B. „dass [...] etwas aus dem Ruder läuft" (Z. 35 f.), „verteufeln" (Z. 54), „wegzaubern" (Z. 57), „die Schulnoten in den Keller gehen" (Z. 81 f.), „Quengelhölle" (Z. 83), „digital[e] Streicheleinheiten" (Z. 118), „predigt seine Methode" (Z. 132): Auflockerung und Gegengewicht zur Fachsprache
- sachlicher Stil bei der Wiedergabe von Fakten, z. B. Z. 66–80, 143–153
- umgangssprachliche Ausdrücke und einfacher Satzbau, z. B. in den Zitaten von Jürgen Eberle: „Diese Geräte sind jetzt nun mal da. [...] Ich habe ja auch ein Smartphone." (Z. 55–58), „Die Kinder haben kein Problem [...], die sind ja happy. Mensch, Mama, [...] ich will zocken. Mach keinen Stress." (Z. 161–164): Veranschaulichung der glaubwürdigen, eindringlichen Art des Medienberaters
- Ausdrücke, die an Kampf oder an Krankheit erinnern, z. B. „ungleiche[s] Duell" (Untertitel), „Nebenwirkungen der digitalen Revolution" (Z. 17 f.), „hat [...] stärker eingeschlagen" (Z. 19 f.), „vorderste Frontlinie" (Z. 21 f.), „eine Epidemie" (Z. 156): Betonung der Macht digitaler Medien, Hinweis auf die Gefahr, die davon ausgeht

Mögliche Absichten des Verfassers 1.4

- Aufklärung über die Suchtgefahr durch digitale Medien und über mögliche Auswirkungen der Sucht
- Erläuterung von Hintergründen der Entstehung und Auslösern von Online-Suchtverhalten (Konzeption von digitalen Angeboten, Strategien von Produkt-Designern und IT-Konzernen)

- Information über die weite Verbreitung des Phänomens, Hinweis für Eltern und Betroffene, dass sie nicht die Einzigen mit diesem Problem sind
- Vorstellung von Hilfsangeboten und Maßnahmen (Workshops, Kurse für Schüler*innen, Beratungsangebote) im Kampf gegen die Sucht nach digitalen Medien
- beispielhafte Darstellung der Arbeit von derartigen Beraterinnen und Beratern, Hervorheben der Wichtigkeit dieser Arbeit, aber auch ihrer Grenzen
- Bemühen um eine ausgewogene (nicht einseitige) Darstellung des Themas (positiver Einsatz des „Hakenmodells", Reaktion von IT-Konzernen auf die Besorgnis der Nutzer*innen wegen der Suchtwirkung, Erfolge der Arbeit des Suchtberaters)

Erörterung von Möglichkeiten der Eltern, ihre Kinder zu einem vernünftigen Umgang mit digitalen Medien zu erziehen B. 2

Die Herangehensweise an diese Aufgabenstellung entspricht den Vorarbeiten bei einer Erörterung. Zunächst bestimmst du den Themabegriff (digitale Medien), dann mögliche Einschränkungen (vernünftiger Umgang) und schließlich achtest du auf die Präzisierung des Erörterungsauftrags. Gefragt wird nach Möglichkeiten der Eltern, ihre Kinder zu einem vernünftigen Umgang mit digitalen Medien zu erziehen. Es genügen zwei, höchstens drei überzeugende und vollständig ausformulierte Argumente (mit Begründung, Beispiel(en) und eventuell Folge / Wirkung). Die Sprache ist sachlich zu halten. Verknüpfe deine Argumente sprachlich miteinander.
Eine kurz angelegte Stoffsammlung kannst du aus der Frage entwickeln, wie dir deine Eltern einen vernünftigen Umgang mit Smartphone und Co. vermitteln. Mögliche Antworten auf die Frage, wie ein vernünftiger Umgang aussehen kann, liefert auch die Reportage (Zeitbeschränkung, Bewusstsein über die manipulative Wirkung und schädliche Inhalte).

Beispiele für mögliche Argumente:
- Thematisierung der Gefahren digitaler Angebote 2.1
- Vereinbarung von festen Nutzungszeiten und Regeln 2.2
- Einnehmen einer Vorbildfunktion durch die Eltern 2.3

oder:

Dialog zwischen einem medienbegeisterten Jugendlichen und seinen besorgten Eltern B. 2

Diese Aufgabenstellung bietet dir einige Freiheiten bei der inhaltlichen und sprachlichen Gestaltung. Dennoch gilt es, einige formale und stilistische Gesichtspunkte zu beachten.

Ein Dialog ist ein Gespräch zwischen zwei oder mehr Personen. In diesem Fall sind dir ein „medienbegeisterter Jugendlicher" und seine „besorgten Eltern" vorgegeben. Diese Festlegung muss im Dialog erkennbar sein und stellt die Ausgangssituation dar. Da es auf der einen Seite um die Eltern geht, solltest du grundsätzlich ein Dreiergespräch entwerfen. Es ist aber ebenso akzeptabel, wenn in deiner Ausführung nur der Vater oder die Mutter das Gespräch mit der oder dem Jugendlichen führt.

Inhaltlich kann es für dich hilfreich sein, an eigene Gesprächserfahrungen in diesem Zusammenhang zu denken. Dabei muss es sich nicht zwangsläufig um ein Streitgespräch handeln. Die Aufgabenstellung gibt zwei Pole vor (medienbegeisterter Jugendlicher und besorgte Eltern), lässt aber die Richtung des Gesprächs offen. So kann es durchaus ohne Streit stattfinden und sich auf den Austausch von Argumenten konzentrieren. Der Dialog kann in eine Vereinbarung oder ein Ergebnis münden, aber auch einen offenen Schluss haben. Ebenso ist es möglich, dass sich am Ende eine der beiden Seiten mit ihren Wünschen und Vorstellungen durchsetzt.

Die sprachliche Gestaltung des Dialogs orientiert sich am mündlichen Sprachgebrauch. Dazu gehören beispielsweise Fragen, Ausrufe, unvollständige und verkürzte Sätze oder Einwürfe und Unterbrechungen. Achte auch darauf, dass der Sprachstil zu den vorgegebenen Gesprächspartnern passt (medienbegeisterter Jugendlicher und besorgte Eltern). Auf der einen Seite sollte also mithilfe typischer Jugendsprache Begeisterung zum Ausdruck kommen, die auf der anderen Seite der eher sachlich-fürsorglich geäußerten Besorgnis der Eltern gegenübersteht. Kennzeichnend für einen Dialog sind zudem Regieanweisungen, die verdeutlichen, wie jemand spricht oder welche Mimik und Gestik seine Aussage begleiten. Diese Anweisungen notierst du in Klammern nach der Nennung des Sprechenden. Die

Verwendung von Namen ist möglich, aber nicht notwendig. Es reichen die Angaben „Jugendliche/r“, „Mutter“ und „Vater“. Solltest du dir Namen ausdenken wollen, vergiss nicht klarzumachen, wer Jugendliche/r und wer Elternteil ist.

Schlussgedanke C.

Für die Formulierung des Schlussgedankens könnte man aus aktuellem Anlass die positiven Aspekte und Möglichkeiten beschreiben, die digitale Medien bieten, und welche Bedeutung sie in der Zeit von Schulschließungen aufgrund von COVID-19 hatten.
Ebenso könntest du eigene Erfahrungen, etwa deinen Umgang mit Computerspielen oder deine Erlebnisse in sozialen Netzwerken, anführen. Es ist auch möglich, aufzugreifen, welche Regeln für die Nutzung digitaler Medien bei dir zu Hause gelten.
Oder du erweiterst den Blickwinkel und stellst dar, wie wichtig reale soziale Kontakte und freie Zeit ohne digitale Mediennutzung sind.

Aufgabe 8

Meike Winnemuth: „Endlich alles weg“

Gliederungsvorschlag

Hinweis: *Die Gliederungspunkte für Einleitung, Hauptteil und Schluss können je nach Vorgabe deiner Lehrkraft einheitlich in ganzen Sätzen oder im Nominalstil formuliert sein.*

A. Gründe, warum es oft heißt, wir würden in einer „Wegwerfgesellschaft“ leben

B. Auseinandersetzung mit der Glosse „Endlich alles weg“ und weiterführende Aufgabe

1 Texterschließung

1.1 Inhaltszusammenfassung und Textaufbau
1.2 Nachweis der Merkmale einer Glosse
1.3 Beschreibung auffälliger sprachlicher Mittel und deren Wirkung
1.3.1 Wortwahl
1.3.2 Satzbau
1.3.3 Sprachstil
1.4 Erläuterung möglicher Absichten der Verfasserin

2 Weiterführende Aufgabe: Beitrag für die Schülerzeitung zur Sensibilisierung für den Wert von Lebensmitteln

oder:

2 Weiterführende Aufgabe: Innerer Monolog zum „Feldversuch“ der Verfasserin, alle Reste aufzubrauchen

C. Kritik am Umgang mit dem Mindesthaltbarkeitsdatum bei Lebensmitteln

Notizen und Lösungshinweise zu den einzelnen Abschnitten der Gliederung

Einleitung

A.

- Basissatz mit Angaben zu Textsorte, Titel, Verfasserin, Quelle und Thema des Textes (= Hinterfragen des eigenen Konsumverhaltens und Versuch, es zu verändern), Überleitung zum Hauptteil

oder:
- eigenständige Hinführung zum Thema des Textes, Überleitung zum Hauptteil mit Angaben zu Textsorte, Titel, Thema, Verfasserin, Quelle, z. B.:
  - Darstellung des eigenen Konsumverhaltens
  - Eingehen auf die Problematik, dass in Deutschland pro Kopf 82 kg Lebensmittel jährlich weggeworfen werden (vgl. Z. 80–82)
  - Aufgreifen und Erklärung des Begriffs „Wegwerfgesellschaft“
  - eigene Erfahrungen mit Verpackungen, die sich nicht völlig leeren lassen
  - Vorstellen von Kampagnen gegen die Lebensmittelverschwendung, die z. B. aus dem Unterricht bekannt sind („Zu gut für die Tonne“)
  - Darstellung von Möglichkeiten zur Resteverwertung, z. B. durch Restekochbücher

Inhaltszusammenfassung und Textaufbau *B. 1*
- Sinnabschnitt 1 (Z. 1–5) – Benennen der Thematik: Erkenntnis, dass viele Waren des täglichen Bedarfs durch neue ersetzt werden, obwohl sie nicht ganz aufgebraucht sind *1.1*
- Sinnabschnitt 2 (Z. 6–17) – Beschreibung des Auslösers für die Beschäftigung mit dieser Thematik: Ausreichen der vermeintlich leeren Zahnpastatube für weitere 12 Tage
- Sinnabschnitt 3 (Z. 18–32) – Erläuterung eines möglichen Grundes für das Konsumverhalten der Autorin: Glücksgefühle durch das Einkaufen und Öffnen einer neuen Packung, Unbehagen angesichts einer beinahe leeren Packung
- Sinnabschnitt 4 (Z. 33–43) – Erläuterung eines zweiten Grundes: Nachahmung der Vorratshaltung der Nachkriegsgeneration trotz des heutigen Überflusses
- Sinnabschnitt 5 (Z. 44–67) – Mutmaßungen über einen dritten Grund: Lenkung durch die Hersteller, Verhinderung der vollständigen Leerung durch das Verpackungsdesign
- Sinnabschnitt 6 (Z. 68–90) – Information über große Mengen weggeworfener Lebensmittel in Deutschland und Beschreibung des gestarteten „Feldversuchs“, alle Vorräte restlos zu verbrauchen

- Sinnabschnitt 7 (Z. 91–103) – Bericht über das Zwischenergebnis und Schlusspointe: Vermeidung eines Einkaufs und Fortsetzung des Plans, im wörtlichen Sinn „Verbraucher“ zu sein

Nachweis der Merkmale einer Glosse 1.2

- Layout: auffällige Überschrift, Foto und Namensnennung der Autorin
- aktuelles Thema aus dem Alltag (gedankenloser Konsum)
- ironischer Stil mit Übertreibungen und Sprachwitz
- leicht zu lesen, an eine mündliche Erzählung erinnernd
- witzige Art, Kritik zu üben und zum Nachdenken anzuregen (meinungsbildend)
- subjektiv und wertend: selbstironische Darstellung des eigenen gedankenlosen Konsumverhaltens
- Schlusspointe: Spiel mit der wörtlichen Bedeutung des Begriffs „Verbraucher“

Beschreibung auffälliger sprachlicher Mittel und deren Wirkung 1.3

Wortwahl 1.3.1

- Übertreibungen, z. B. „horror vacui“ (Z. 42), „Tuben-Epiphanie“ (Z. 68), „könnte bis Weihnachten so weitermachen“ (Z. 99 f.): überspitzte Darstellung des Themas, um auf humorvolle Weise ein Problembewusstsein zu schaffen
- Neologismen (Wortneuschöpfungen), z. B. „Das-wollen-wir-doch-mal-sehen-Bockigkeit“ (Z. 15 f.), „strukturelle Verunmöglichung“ (Z. 60 f.), „Schrumpelfaktor“ (Z. 87): Anregung zum Schmunzeln, Veranschaulichung des Gesagten
- Wortwiederholungen: „fast“ (Z. 1–3), „alle[s]“ (Z. 31, 72, 74, 77): Verstärkung der Aussagekraft
- Wiederaufnehmen von Wörtern: „das geht“, „Das ging“ (Z. 11 f.), „stellte“ (Z. 9 f.): Ausdruck eines Gegensatzes

Satzbau 1.3.2

- Ellipsen (Auslassungen): z. B. „Fast leere Zahnpastatuben. […] Immer fast.“ (Z. 1–3), „Ein einziges Mal alle Vorräte zu nutzen […]? Und alles Gekaufte auch wirklich aufzuessen?“ (Z. 74–78), „Zu hastig nach Feierabend eingekauft […].“ (Z. 83–90): Hervorhebung der wichtigen Erkenntnisse (nicht vollständig aufgebrauchte Packungen, planloses Einkaufen, Entsorgung des zu viel Gekauften)

- Fragen: „Gibt es eigentlich psychologische Studien [...]?“ (Z. 24–32), „Wieso haben selbst wir [...] Angst vor der Leere?“ (Z. 39–43), „Wird es mir wenigstens einmal gelingen [...]?“ (Z. 71–74) usw.: Appell an die Leser*innen, über das eigene (Kauf-) Verhalten nachzudenken
- Ausrufe: „Da stimmt doch was nicht!“ (Z. 4 f.), „Natürlich hat das Methode!“ (Z. 57 f.), „Meine Güte [...]!“ (Z. 66): Ausdruck der Entrüstung der Verfasserin
- Aufzählungen und Parallelismen: „Fast leere Zahnpastatuben. Fast leere Shampooflaschen. Fast leerer Kühlschrank.“ (Z. 1–3), „eine neue Packung anzubrechen, eine neue Shampooflasche aufzuschrauben“ (Z. 26–28), „die wir immer alles kriegen können, die im Land von Milch und Honig aufgewachsen sind“ (Z. 39–42), „Zu hastig [...], zu viel [...] und dann zu mäklig [...]“ (Z. 83–87): Verdeutlichung des Verbraucherfehlverhaltens und Kritik daran

Sprachstil 1.3.3

***Hinweis:** Es ist sinnvoll, hier eine zusammenfassende Bewertung des Sprachstils der Glosse zu erarbeiten, die auf wichtige Merkmale eingeht und sich nicht im Detail einzelner Besonderheiten verliert.*

- Umgangssprache, z. B. „Da ist ja noch was drin, das geht bestimmt noch einen Tag“, (Z. 10–12), „das verdammte Ding“ (Z. 20), „wenn wirklich nichts mehr drin ist.“ (Z. 23 f.), „kriegen“ (Z. 40), „diese Macke“ (Z. 44 f.), „wieso, zum Teufel“ (Z. 95): Beschäftigung mit einem Alltagsproblem, das die Autorin spürbar ärgert
- gefühlsbetonter Stil mit Ausrufen, Fragen, Wiederholungen (siehe Wortwahl und Satzbau)
- anschauliche oft bildhafte Sprache, z. B. „Das-wollen-wir-doch-mal-sehen-Bockigkeit“ (Z. 15 f.), „von dem Augenblick überrumpelt“ (Z. 22 f.), „aus der es [...] willig fließt“ (Z. 28 f.), „im Land von Milch und Honig“ (Z. 40 f.), „wacklig balanciert es [...], mühsam gestützt“ (Z. 55 f.), „zu mäklig wegen Schrumpelfaktor“ (Z. 86 f.): Wortwitz, regt die Leser*innen zum Schmunzeln an, Steigerung der Anschaulichkeit

- ans Mündliche angelehnter Erzählstil mit kurzen und unvollständigen Sätzen, Wiederholungen, Fragen, Ausrufen (siehe Wortwahl und Satzbau)
- Ich-Perspektive: Nachvollziehbarkeit des Problems, Intensivierung des „Miterlebens“

Erläuterung möglicher Absichten der Verfasserin 1.4

- unterhaltsame Kritik an einem Alltagsproblem vieler Menschen, die über ihre Bedürfnisse einkaufen oder unnötig viel entsorgen
- Hinweis auf die alltägliche Gedankenlosigkeit durch die Beschreibung typischer Situationen aus dem eigenen Alltag und das Ins-Lächerliche-Ziehen des eigenen Verhaltens (vgl. z. B. Z. 9–17, 49–57)
- Aufklärung über die lenkenden Vorgehensweisen der Hersteller bei Design und Produktion von Verpackungen und Hinweis auf deren Mitverantwortung in Sachen Konsumverhalten (vgl. Z. 44–67)
- Aufruf zur Umstellung des Konsumverhaltens, damit nachhaltiger und bewusster eingekauft wird, durch Verweis auf Zahlen und Fakten zur Müllproblematik und Lebensmittelverschwendung (vgl. Z. 78–90)
- Beschreibung des Selbstversuchs, um zum Nachdenken über das eigene Konsumverhalten anzuregen und ggf. eine Änderung zu bewirken (vgl. z. B. Z. 39–43, 71–78, 91–104)

Beitrag für die Schülerzeitung: Sensibilisierung für den Wert von Lebensmitteln B. 2

Die Aufgabenstellung verlangt einen Beitrag für die Schülerzeitung, mit dem die Zielgruppe Schüler*innen für den Wert von Lebensmitteln sensibilisiert werden soll, d. h. für einen bewussten und sorgsamen Umgang damit. Mit dem Begriff „Beitrag“ ist die Textsorte nicht festgelegt, sodass du prinzipiell die Wahl unter den verschiedenen journalistischen Textsorten hast. Aufgrund der Prüfungssituation liegen jedoch zwei Textsorten nahe: zum einen ein argumentativer Text, der mögliche Maßnahmen für einen wertschätzenden Umgang mit Lebensmitteln aufzeigt, zum anderen ein Appell / Aufruf für eine größere Wertschätzung von Lebensmitteln.

Für die erste Möglichkeit brauchst du eine aussagekräftige Überschrift und einen Einleitungsgedanken. Verwendbar sind z. B. Aussagen aus der Glosse über einen unachtsamen Umgang mit Lebensmitteln bzw. über Lebensmittelverschwendung, die deutlich machen, warum du einen Text zur Sensibilisierung schreibst. Mithilfe einer Stoffsammlung trägst du dann Möglichkeiten und Maßnahmen zusammen und baust diese mit Begründungen und Beispielen zu einer Argumentation aus. Ein Schlussgedanke rundet den Text ab. Die Sprache ist bei dieser Textsorte sachlich zu halten.
Mögliche Maßnahmen sind:
- Kauf regionaler Produkte (höhere Wertschätzung für die Produzenten)
- Bewusstseinsschärfung im Kindesalter und in der Schule (Eltern als Vorbild, Lernen auf dem Bauernhof, Einblicke in die Produktion von Lebensmitteln)
- Kenntnisse über Einkaufsstrategien und richtige Lagerung
- Wissen um Genießbarkeit und Ungenießbarkeit von Produkten (sinnvoller Umgang mit optischen Mängeln und dem Mindesthaltbarkeitsdatum)

Die zweite Möglichkeit ist ein Appell, also ein Aufruf, um Einfluss auf das Handeln der Schüler*innen zu nehmen. Die Leser*innen sollen sich den Wert von Lebensmitteln bewusster machen und im Zuge dessen auch das Wegwerfen von Lebensmitteln vermeiden. Damit dein Appell überzeugend ist, musst du deine Handlungsaufforderung gut begründen und mit überzeugenden Beispielen versehen. Dazu ist auch hier eine Ideen- und Stoffsammlung erforderlich. Inhaltlich kannst du dich an den oben genannten Maßnahmen orientieren. Am Schluss sprichst du eine konkrete Mahnung oder Aufforderung aus. Dein Text sollte außerdem eine prägnante Überschrift tragen.
Die sprachliche Gestaltung des Appells unterscheidet sich vom sachlich-nüchternen Stil eines argumentativen Textes. Du hast hier mehr Freiräume bei der Ausformulierung und darfst auch subjektiv-emotionale Elemente einbringen. Für eine eindringliche und überzeugende Formulierung des Appells bieten sich z. B. an: eine anschauliche Wortwahl, Signalwörter, die Aufmerksamkeit erregen, Reihungen und Vergleiche, gefühlsbetonte Formulierungen sowie kurze Sätze,

Ausrufe- und Fragesätze. Wichtig ist zudem der Adressatenbezug, also die direkte Ansprache und der Einbezug der Schüler*innen.

oder:

Innerer Monolog: Den Feldversuch, alle Reste aufzubrauchen, abbrechen oder nicht? B. 2

Diese Aufgabenstellung bietet dir einige inhaltliche und sprachliche Freiheiten, hat aber auch hohe Ansprüche, wenn sie überzeugend erfüllt werden soll. Vor allem muss die Unschlüssigkeit der Verfasserin darüber, ob sie den Feldversuch fortführen oder abbrechen soll, deutlich herauskommen. Daher solltest du einige konkrete Problemsituationen formulieren, die dazu führen könnten, dass die Autorin zweifelt. Denkbar ist etwa, dass wichtige Produkte des täglichen Bedarfs zur Neige gegangen sind, z. B. das Duschgel oder das Deo. Bringe zum Ausdruck, wie sie zwischen den Möglichkeiten, ihr „Experiment" abzubrechen oder es doch durchzuziehen, hin- und hergerissen ist.
Dabei musst du auch die Merkmale eines inneren Monologs berücksichtigen. Bei dieser Textsorte geht es um die anschauliche Darstellung der Gedanken, Stimmungen und Empfindungen einer Person. Diese stellst du wie in einer wörtlichen Rede dar, allerdings ohne Anführungszeichen zu verwenden. Am besten orientierst du dich bei der sprachlichen Gestaltung am mündlichen Stil (wie in der vorliegenden Glosse), z. B. mit unvollständigen Sätzen, kurzen Hauptsätzen, Ausrufen, Gedankensprüngen usw. Das Sprachniveau sollte zur Sprache der Verfasserin der Glosse passen.

Schlussgedanke C.

Für einen sinnvollen Schlussgedanken lassen sich die bei der Einleitung genannten Ideen benutzen, wenn du sie dort noch nicht verwendet hast.
Grundsätzlich ist auch eine begründete Bewertung der Glosse möglich, die etwa darauf eingeht, inwiefern die Verfasserin ihre Absichten durchsetzen konnte.

Aufgabe 9

Jonas Jonasson: „Der Hundertjährige, der aus dem Fenster stieg und verschwand“ (Romanauszug)

Gliederungsvorschlag

Hinweis: *Die Gliederungspunkte für Einleitung, Hauptteil und Schluss können je nach Vorgabe deiner Lehrkraft einheitlich in ganzen Sätzen oder im Nominalstil formuliert sein.*

A. Flucht eines Hundertjährigen vor seiner Geburtstagsfeier aus dem Altenheim

B. Auseinandersetzung mit dem Romanauszug und weiterführende Aufgabe

1 Texterschließung

1.1 Zusammenfassung des Textinhalts
1.2 Beschreibung auffälliger sprachlicher Mittel und deren Wirkung
1.2.1 Wortwahl
1.2.2 Stilmittel
1.2.3 Satzbau
1.2.4 Sprachstil
1.3 Charakterisierung von Allan Karlsson
1.4 Gedanken, die der Romanauszug bei den Leserinnen und Lesern auslösen könnte

2 Weiterführende Aufgabe: Erörterung von Möglichkeiten, Seniorinnen und Senioren im Altenheim ein respektables, würdevolles Dasein zu bieten

2.1 Aufrechterhaltung und Förderung sozialer Kontakte
2.2 Angebot an Freizeitmöglichkeiten
2.3 Ermöglichen eines selbstbestimmten Lebens

oder:

2 Weiterführende Aufgabe: Erzählung über die Entdeckung von Allans Verschwinden im Altenheim

C. Darstellung der Bedeutung der Großeltern für die Kinder

Notizen und Lösungshinweise zu den einzelnen Abschnitten der Gliederung

Hinweis: *Auf detaillierte Lösungshinweise wird hier verzichtet, da die Ergebnisse der Textuntersuchung im nachfolgenden Aufsatzbeispiel ausgeführt und nachvollziehbar sind.*

Einleitung A.

Neben der Darstellung der Thematik des Textes und Angaben zum Autor bietet sich hier auch ein eigenständiger Einleitungsgedanke an. In jedem Fall musst du die Basisinformationen zum Text nennen (Titel, Autor und Quelle). Möglichkeiten für einen eigenen Einleitungsgedanken sind z. B.:

- kurzer Bericht, wie der Geburtstag der eigenen Großeltern in der Familie gefeiert wird
- knappe Schilderung der Lebenssituation vieler alter Menschen in den Altenheimen
- Darstellung möglicher Ursachen, warum viele alte Menschen in einem Heim leben müssen
- aktueller Bezug zur COVID-19-Pandemie: erhebliche Zunahme der Einsamkeit alter Menschen im Heim

Zusammenfassung des Inhalts B. 1

Eine Darstellung des Textaufbaus wird nicht verlangt. Für die Zusammenfassung des Inhalts ist dennoch eine Gliederung des Textes in Sinnabschnitte hilfreich. Es ist sinnvoll, für diese jeweils eine Überschrift zu formulieren, die erfasst, was in dem jeweiligen Absatz geschieht. Die Zusammenfassung sollte dann in eigenen Worten in zwei bis drei Sätzen pro Abschnitt geschehen. *1.1*

Beschreibung auffälliger sprachlicher Mittel und deren Wirkung *1.2*

Ein wichtiger Bereich der Untersuchung ist hier zunächst die Wortwahl, also z. B. Auffälligkeiten bei bestimmten Wortarten (Adjektiven, Verben, Nomen) oder die Verwendung von Wörtern, die auf die Sprachebene hinweisen (Fremdwörter, umgangssprachliche oder veraltete Ausdrücke). *1.2.1*

Schließlich ist auch auf die rhetorischen Mittel einzugehen, die der Autor verwendet hat.

Beim Satzbau kannst du zunächst nach verschiedenen Satzarten oder -strukturen suchen (z. B. Satzgefüge) und deren Eigenschaften beschreiben. Beachte auch die Stilmittel des Satzbaus wie die Auslassung von Satzteilen (= Ellipse).
Aussagen zum Sprachstil stellen immer eine zusammenfassende Wertung des Satzbaus und der Wortwahl dar bzw. sollen Eigenheiten des Stils benennen. Dabei musst du besonders auf die Wirkung achten und Textbelege nennen.

Charakterisierung von Allan Karlsson 1.3

Für die Charakterisierung von Allan Karlsson suchst du zunächst im Romanauszug nach Hinweisen, die z. B. Rückschlüsse auf sein Alter, seine Wohnverhältnisse, seine geistige und körperliche Fitness, seine Persönlichkeit und seine Vergangenheit zulassen. Auch hier müssen wieder entsprechende Textbelege angeführt werden.

Gedanken, die der Romanauszug bei den Leserinnen und Lesern auslösen könnte 1.4

Hier kannst du auf die Gedanken eingehen, die durch die Themen des Textes (100. Geburtstag, Leben im und Flucht aus dem Altenheim) ausgelöst werden könnten. Diese können im Zusammenhang mit der Romanfigur oder der eigenen Situation stehen (z. B. Angst vor dem Alter, eigene Lebenssituation). Die Überlegungen können sich auch auf den Inhalt des Romanauszugs beziehen, z. B. den weiteren Verlauf der Flucht oder das seltsame Verhalten des jungen Mannes am Busbahnhof.

Erörterung von Möglichkeiten, Seniorinnen und Senioren im Altenheim ein respektables, würdevolles Dasein zu bieten B. 2

Die Herangehensweise an diese Aufgabenstellung entspricht den Vorarbeiten bei einer Erörterung. Zunächst bestimmst du den Themabegriff (Senioren), dann mögliche Einschränkungen (im Altenheim, respektables, würdevolles Dasein) und schließlich achtest du auf die Präzisierung des Erörterungsauftrags. Gefragt wird nach Möglichkeiten, mit denen Seniorinnen und Senioren im Altenheim ein würdevolles Leben geboten werden kann. Deine Stoffsammlung sollte von der Frage, was ein respektables und würdevolles Leben ist, ausgehen. Darunter versteht man, dass man die Menschen und ihre

Bedürfnisse sowie ihre Menschenwürde achtet, sodass sie ein selbstbestimmtes Leben führen können. Dazu gehören Aspekte wie soziale Kontakte (z. B. Besuche), verantwortungsvolle Pflege, ausgewogene Ernährung, Wahrung der Privatsphäre, Kultur- und Freizeitangebote sowie geistige Anregungen.
Es sollten zwei, höchstens drei aussagekräftige und vollständig ausformulierte Argumente mit Begründung, Beispiel(en) und eventuell Folge/Wirkung genügen. Die Sprache ist sachlich zu halten. Verknüpfe deine Argumente auch sprachlich miteinander.

oder:

Erzählung über die Entdeckung von Allans Verschwinden im Altenheim B. 2

Diese Aufgabenstellung bietet dir mehr inhaltliche und vor allem sprachliche Freiheiten, hat aber auch hohe Ansprüche in beiden Bereichen, wenn sie überzeugend erfüllt sein soll. Bevor du mit deiner Erzählung beginnen kannst, musst du zunächst im Romanauszug nach Anknüpfungspunkten suchen. Man weiß nur, dass Schwester Alice wohl für Herrn Karlsson zuständig ist und dass dessen Geburtstagsfeier in Kürze beginnen soll und dann im Altenheim „die Hölle“ los sein wird. Es wird dann wahrscheinlich zu umfangreichen Suchaktionen kommen.
Erzählungen bestehen in der Regel aus Einleitung, Hauptteil und Schluss. In der Einleitung bestimmst du die Erzählperspektive (Wer erzählt?). Hier bietet sich Schwester Alice an. Da sie und Allan offenbar eine nicht ganz spannungsfreie Beziehung (versteckter Schnaps) verbindet, ergibt sich daraus ein gewisser Grundton in der Erzählung. Zu Beginn der Erzählung solltest du zunächst die notwendigen Angaben zur Ausgangssituation nennen (Wer? Wo? Wann?). Im Hauptteil wird dann das Geschehen in Handlungsschritten wiedergegeben. Einige Erzählungen haben ein offenes Ende. Du kannst aber auch deiner Kreativität freien Lauf lassen und dir selbst ein Ende überlegen.
Die Sprache ist durch ausdrucksstarke Adjektive und Verben sowie die Verwendung der direkten Rede gekennzeichnet. Die Zeitform ist in der Regel das Präteritum und in der direkten Rede das Präsens.

Schlussgedanke

C.

Eine naheliegende Möglichkeit, deinen Aufsatz sinnvoll abzuschließen, besteht darin, dich vertiefter mit einer der herausgearbeiteten Absichten des Autors auseinanderzusetzen. Außerdem kannst du die Idee, vor der Geburtstagsfeier zu fliehen, aus deiner Sicht bewerten. Es ist auch denkbar, zu beschreiben, wie deine Großeltern leben oder wie sie sich das Leben im Alter vorstellen. Eine mögliche Ausweitung des Themas wäre, darauf hinzuweisen, welche wichtige Bedeutung die Großeltern für Kinder und Jugendliche besitzen.

Aufsatzbeispiel

Hinweis: *Die Angaben am Rand sind nicht Bestandteil des Aufsatzes, sondern dienen nur deiner Orientierung hinsichtlich Inhalt und Aufbau.*

A. *Einleitung* *Thematik des Textes, Basisinformationen zum Text*

Der vorliegende Text ist ein Auszug aus dem ersten Kapitel des Romans „Der Hundertjährige, der aus dem Fenster stieg und verschwand“. Darin schleicht sich ein alter Mann an seinem 100. Geburtstag heimlich aus seinem Zimmer in einem schwedischen Seniorenheim. Er flieht spontan und zunächst ohne konkretes Ziel. Der Roman ist das Erstlingswerk des schwedischen Autors Jonas Jonasson, der 1961 geboren wurde. Das Buch wurde zum internationalen Bestseller, der mittlerweile auch verfilmt wurde. Die deutschsprachige Erstveröffentlichung erschien 2011 in München.

B.1 *1.1 Zusammenfassung des Inhalts* *(Z. 1–20)*

Am Montag, den 2. Mai 2005, steigt Allan Karlsson aus dem Fenster seines Zimmers im Altenheim. Er will der Feier zu seinem 100. Geburtstag entgehen. Aus Angst, dass seine Flucht von Schwester Alice entdeckt wird, verzichtet er darauf, Hut und Schuhe zu holen, die er bei seinem spontanen Aufbruch vergessen hat. Erleichtert, dass er zumindest die Brieftasche dabeihat, beginnt er seine Flucht nur in Pantoffeln.

(Z. 21–30)

Seine Flucht führt ihn zunächst zum Friedhof, wo er sich auf einer Bank ausruht und darüber nachdenkt, dass die Flucht vor Schwester Alice viel interessanter ist, als hier auf dem Friedhof begraben zu sein.

Nach kurzer Zeit setzt er seine Flucht fort und durchquert den Friedhof. Nur eine niedrige Mauer trennt ihn vom Reisezentrum der kleinen Stadt Malmköping, das ihm auf einmal als ideales Ziel erscheint. Mit Mühe schafft es Allan, das Mäuerchen zu überwinden. *(Z. 31–41)*

Im Wartesaal des fast leeren Reisezentrums befindet sich nur ein weiterer Reisender, ein junger Mann, der etwas ungepflegt wirkt und sich merkwürdig verhält. Allan kümmert sich aber nicht weiter um diesen, sondern erkundigt sich am einzigen besetzten Schalter nach einem Verkehrsmittel, das den Ort in den nächsten Minuten mit einem beliebigen Ziel verlassen wird. *(Z. 42–68)*

Allan erfährt, dass in drei Minuten ein Bus nach Strängnäs abfahren wird, und setzt sich auf eine Wartebank vor dem Reisezentrum. Er denkt wieder an das Altenheim und daran, dass seine Geburtstagsfeier in zwölf Minuten beginnen soll und es im Heim chaotisch zugehen wird, sobald seine Flucht entdeckt wird. *(Z. 69–84)*

1.2 Sprachliche Mittel und deren Wirkung

1.2.1 Wortwahl

Anhäufung von Adjektiven

Bei der Beschäftigung mit den sprachlichen Mitteln und deren Wirkung sind zunächst Besonderheiten in der Wortwahl zu beachten. So fällt bei der Beschreibung der Personen, denen Allan Karlsson begegnet, eine Anhäufung von Adjektiven auf (beim Mann hinter dem Schalter: z. B. „mageres“, Z. 48; „kleinen, runden“, Z. 48 f.; „schütterem“, Z. 49; beim jungen Mann in der Wartehalle: z. B. „schmächtiger“, Z. 53; „langen, fettigen“, Z. 53; „struppigem“, Z. 54), die von den beiden Personen einen negativen Eindruck erzeugen.

eher veraltete Wörter

Eher veraltet klingende Wörter und Wendungen, die über den ganzen Text verteilt sind, veranschaulichen, dass die Welt aus der Perspektive eines alten Menschen wiedergegeben wird („Pantoffeln“, Z. 4; „Rabatte“, Z. 14; „zum Gruß noch den Hut […] lüften“, Z. 79 f.). Darüber hinaus lassen sich noch einige Auffälligkeiten entdecken, die nur ein oder zwei Mal vorkommen, aber herausstechen.

weitere Auffälligkeiten

So erzeugen die beiden umgangssprachlichen Verben „ausgebüxt“ (Z. 5) und „abhauen“ (Z. 13) Alltagsnähe und lassen den Text dadurch noch glaubwürdiger erscheinen. Die Verkleinerungsform „Männchen“ (Z. 48) zeigt, wie mager und klein der Mann hinter dem Schalter wirkt, und reduziert ihn zudem auf seine unbedeutende Funktion. „Mäuerchen“ (Z. 39) veranschaulicht hingegen die Energie, die Allan Karlsson aus seinen Erinnerungen an den Himalaya zieht und zur Überwindung des Hindernisses benötigt.

1.2.2 Stilmittel

Wiederholungen

Die Wiederholung der Formulierung „selten in diesem Alter“ (Z. 4–7) betont das ungewöhnlich hohe Alter des Flüchtenden. Mit der dreimaligen Verwendung des Adjektivs „braun“ in Zeile 3 f. veranschaulicht der Autor das typisch eintönige Erscheinungsbild älterer Menschen, die keinen Wert auf modische Kleidung legen. Die drei Alliterationen „knacksende Kniegelenke“ (Z. 14) „zwickte und zwackte“ (Z. 28) und „ein Hundertjähriger, kein Hochspringer“ (Z. 34) verdeutlichen die Einschränkungen in der Beweglichkeit, unter denen Karlsson leidet und die seine Flucht beschwerlich erscheinen lassen. Durch zwei Personifikationen („wartete jedoch das Reisezentrum“, Z. 35; „seine […] Beine […] tragen wollten“, Z. 36) verstärkt sich der Eindruck, dass der Hundertjährige seine Flucht ungeplant antritt und sich seines Ziels nicht bewusst ist, sondern zunächst einfach nur weg will. Aufzählungen beherrschen die Stellen, an denen die beiden Nebenfiguren knapp, aber präzise beschrieben werden (vgl. Z. 48 f., 53–55).

Alliterationen

Personifikationen

Aufzählungen

1.2.3 Satzbau

Parenthese

Auch beim Satzbau zeigen sich einige Besonderheiten, die zwar nur vereinzelt vorkommen, jedoch besonders auffällig sind. Die Parenthese, also der Einschub, „(egal, wo er seinen Schnaps versteckte, sie fand ihn grundsätzlich)“ in Zeile 11 f. verdeutlicht Karlssons Vorliebe für Schnaps und das daraus resultierende angespannte Verhältnis zu Schwester Alice. Die zwei Ellipsen „Aber nur fast.“ (Z. 46) und „Alle Plätze frei.“ (Z. 47) verweisen darauf, dass Allan seine Umgebung genau beobachtet und über die Menschenleere erleichtert ist. Allans ausführliche und höfliche indirekt wiedergegebene Worte (vgl. Z. 63–65, 69–71) stehen in einem Gegensatz zur knappen, amtlich klingenden direkten Rede

Ellipsen

indirekte vs. direkte Rede

des Mannes hinter dem Schalter (vgl. Z. 67 f., 72 f.). Hierdurch wirkt der zwar körperlich eingeschränkte Allan Karlsson dem Mann hinter dem Schalter beinahe geistig überlegen.

1.2.4 Sprachstil

anspruchsvoll

Satzgefüge

Insgesamt ist ein gehobener sprachlicher Anspruch festzustellen, wie Wortwahl, Stilmittel und Satzbau zeigen. Der Romanauszug wird überwiegend von längeren Satzgefügen bestimmt, die recht abwechslungsreich sind und auch als Merkmal des anspruchsvollen Stils gewertet werden können (vgl. z. B. 7–10, 14–17, 62–65). Der Text weist an vielen Stellen einen ironischen Unterton auf, der ihn amüsant und humorvoll macht. Erkennbar ist dies zum Beispiel im Abschnitt von Zeile 4 bis 7 („Mit der Mode … selten in dieses Alter kommt") oder auch an Ausdrücken wie „Geburtstags<u>kind</u>" (Z. 31) als Bezeichnung für einen Hundertjährigen oder „einfach viel zu viel los" (Z. 51) bei nur einem weiteren Reisenden. Nicht zuletzt weisen auch bildhafte Ausdrücke auf einen gehoben Sprachstil und einen heiteren und humorvollen Ton hin, z. B. „siebten Sinn" (Z. 11), „zu einem Nichts zusammenschrumpfte" (Z. 40), „keiner Menschenseele begegnet" (Z. 43), „den Faden verloren haben" (Z. 66 f.) und „war die Hölle los" (Z. 84).

ironischer Unterton

bildhafte Ausdrücke

1.3 Charakterisierung Allan Karlssons

Eckdaten

Aus dem Romanauszug lassen sich einige Merkmale zur Charakterisierung Allan Karlssons herauslesen oder ableiten. Er wird am 2. Mai 2005 hundert Jahre alt (vgl. Überschrift und Z. 1), wohnt in einem Altenheim der schwedischen Kleinstadt Malmköping (vgl. Z. 3, 17 f., 35, 42) und legt wenig Wert auf eine modische äußere Erscheinung (vgl. Z. 3–5). Außerdem trinkt er offenbar gerne Schnaps (vgl. Z. 11 f.), da er sich immer wieder neuen besorgt, den Schwester Alice dann ebenfalls findet. Deswegen scheint sein Verhältnis zu ihr auch angespannt zu sein, was vielleicht auch der Grund dafür sein könnte, dass er vor ihr flieht (vgl. Z. 29 f.). Allan Karlsson ist in einem für sein Alter guten Gesundheitszustand (vgl. z. B. Z. 7 f., 40 f.), auch wenn er Probleme mit seinen Knien hat (vgl. z. B. Z. 14, 31, 41). Geistig ist er ebenfalls fit, was am Gespräch mit dem

Verhältnis zu Schwester Alice

Gesundheits- und Geisteszustand

Mann hinter dem Schalter zu erkennen ist (vgl. Z. 63–65, 69–71). Die Überquerung des Himalayas in jungen Jahren (vgl. Z. 36f.) und seine Flucht vor dem Geburtstag und vor Schwester Alice zeichnen ihn als abenteuerlustigen und ungewöhnlichen Menschen aus. Der Hundertjährige besitzt außerdem eine gelassen-ironische Grundhaltung zum Leben und zum Tod, denn er sagt sich, dass er auch ein andermal sterben könne (vgl. Z. 19 f.) und die Flucht interessanter und lehrreicher sei, als reglos zwei Meter unter Erde zu liegen (vgl. Z. 29 f.).

abenteuerlustig

gelassen-ironische Grundhaltung zum Tod

Im letzten Abschnitt der Auseinandersetzung mit dem Romanauszug geht es um die möglichen Gedanken, die die Lektüre dieses Textes bei den Leserinnen und Lesern auslösen kann. Geht man zunächst von der Thematik des Textes aus, könnten sie an die Lebensverhältnisse in den Altenheimen im Allgemeinen oder an das Leben der eigenen Großeltern im Speziellen denken. Auch Gedanken an den Verlust der Freiheit, wenn man in einem Heim lebt, spielen dabei möglicherweise eine Rolle. Außerdem könnte der Text darauf aufmerksam machen, dass die Lebenszeit begrenzt ist. Schließlich könnte das auch dazu führen, dass man sich Sorgen um die eigenen Lebensumstände macht und Angst vor dem Altern bekommt. Auch der Buchinhalt liefert Denkanstöße. So könnte man Mutmaßungen über den weiteren Verlauf der Flucht anstellen und vielleicht über das seltsame Verhalten des jungen Mannes oder über den Sinn der Aufschrift „Never Again“ (Z. 54) auf seiner Jacke nachdenken.

*1.4 Mögliche Gedanken der Leser*innen*

Im Folgenden werden einige Möglichkeiten erörtert, wie man Seniorinnen und Senioren im Altenheim ein respektables und würdevolles Dasein bieten kann.

B.2 *Erörterung*

Dabei spielen zunächst die Aufrechterhaltung und Förderung sozialer Kontakte eine große Rolle. Soziale Kontakte sorgen dafür, dass sich die Menschen nicht einsam fühlen und dass sie am gesellschaftlichen Leben teilhaben und geistig angeregt werden. Somit sind soziale Kontakte für die Lebensqualität von alten Menschen von entscheidender Be-

2.1
Behauptung
Begründung

deutung. Zur Aufrechterhaltung und Förderung sozialer Kontakte im Altenheim gehört neben einer offenen und flexiblen Regelung der Besuchszeiten auch, dass die Angehörigen und Freunde diese nutzen und möglichst häufig und regelmäßig zu Besuch kommen. Zudem sind auch angenehm gestaltete Orte, wo sich die Heimbewohner*innen untereinander treffen können, von Bedeutung. *Beispiele*

Nicht nur die Förderung sozialer Kontakte ist für die Heimbewohner*innen wichtig, sondern auch ein umfangreiches Angebot an Freizeitmöglichkeiten. Denn wenn sie diese wahrnehmen, haben sie Kontakt zu anderen Menschen, können sich sinnvoll beschäftigen und bleiben dadurch im besten Fall länger geistig und körperlich fit. Daher ist es unabdingbar, dass es in Seniorenheimen Aktivitäten wie Leseclubs, Spielegruppen, kreative und sportliche Angebote, ein Café und Kulturangebote gibt. *Verknüpfung 2.2 Behauptung Begründung Beispiele*

Gerade wenn es um ein Leben im Altenheim geht, ist die Möglichkeit, weiterhin ein selbstbestimmtes Leben führen zu können, von großer Bedeutung. Denn es gibt Heime, in denen die Selbstbestimmung der Bewohner*innen eingeschränkt wird, sodass ein Leben in Würde verhindert wird. Keine erwachsene Person möchte vorgeschrieben bekommen, wann sie zu essen oder ins Bett zu gehen hat. Selbstbestimmung beginnt schon damit, dass man das Zimmer mit den eigenen Möbeln und liebgewonnenen Dingen einrichten und dekorieren kann. Auch sollte man den Tagesablauf an den eigenen Bedürfnissen ausrichten können und nicht nur am Zeitplan des Altenheims. Nicht zuletzt gehört auch zu einem selbstbestimmten Leben, dass die Privatsphäre der Heimbewohner*innen respektiert wird. *2.3 Behauptung Begründungen Beispiele*

oder:

B. 2 *Erzählung*

Anknüpfung an den Romanauszug

An jenem Montag, einem unschuldigen und sonnigen Frühlingstag, machte ich mich kurz vor drei Uhr auf den Weg zu Zimmer 105. Herr Karlsson sollte heute besonders gefeiert werden. Schließlich wird man nicht alle Tage 100.

Entdeckung, dass Herr Karlsson fehlt

Auf mein energisches Klopfen hin rührte sich nichts. Es blieb mucksmäuschenstill im Zimmer. Schlief er etwa oder war er im Bad? Oder hatte sich die alte Schnapsdrossel zu viel Geburtstagsschnaps gegönnt? Mit diesen Gedanken im Kopf öffnete ich lautlos die Tür. Das Bett war leer, das Zimmer auch. Blieb noch das Bad. Ich stürzte auf die Tür zu, rief laut nach ihm und klopfte. Wieder nichts. Er wird doch wohl nicht an seinem Geburtstag ..., dachte ich mir. Vorsichtig und auf alles gefasst, öffnete ich die Badezimmertür. Leer.

Beginn der Suche nach Herrn Karlsson

Vielleicht war er schon vor mir losgezogen, um in den Aufenthaltsraum zu seinen paar Besuchern zu schlurfen? Aber dort saßen nur zwei Heimbewohner beim Kartenspiel und an einem anderen Tisch Karlssons Sohn und Schwiegertochter, die mich erwartungsvoll anschauten. Mist! Vielleicht war er im Garten, überlegte ich, als ich durch die Gänge hetzte. Draußen auf den Bänken saß niemand, schon gar nicht Herr Karlsson. Jetzt musste ich wohl die Heimleitung informieren und mir mehr Leute für die Suche organisieren. „Der wird sich doch wohl keinen Scherz erlaubt haben und an seinem Hundertsten ausgebüxt sein? Zuzutrauen wäre es ihm ja, bei seinem schrägen Humor“, murmelte ich auf dem Weg zur Heimleitung vor mich hin. Plötzlich stellte sich mir sein Sohn in den Weg. „Ich möchte jetzt meinen Vater sehen und ihm gratulieren.“ „Den haben wir verloren“, rutschte es mir atemlos heraus, „helfen Sie uns lieber suchen!“ Ich ließ den zunächst verwirrten und dann aufgebrachten Mann einfach stehen und stürzte, ohne anzuklopfen, ins Büro der Heimleiterin: „Der alte Karlsson ist verschwunden! Ich brauche einen Suchtrupp! Und lassen Sie ihn bitte über die Lautsprecheranlage ausrufen. Machen Sie schnell, sein Sohn ist schon stinksauer!“

Ausweitung der Suche nach Herrn Karlsson

Die mehrfach wiederholten Lautsprecherdurchsagen machten den peinlichen Vorfall im ganzen Heim publik. Bald hatten wir alle Zimmer durchsucht, vom Geburtstagskind fehlte aber jede Spur. Gerade, als ich noch einmal draußen weitersuchen wollte, trat der alte Jonasson durch die Eingangstür. „Wo kommen Sie denn her?“, schnauzte ich ihn an.

Er grinste zurück: „Ich war in der Stadt, Allan ist vor einer halben Stunde mit dem Bus 202 an mir vorbeigefahren und hat mir freundlich zugewinkt."

offener Schluss

Alte Menschen sind ein wichtiger Bestandteil unserer Gesellschaft und nehmen auch in den Familien eine bedeutende Rolle ein. Großeltern übernehmen zum Beispiel in vielen jungen Familien unersetzliche Betreuungsaufgaben. Dies ist aber nicht ihre einzige bedeutsame Aufgabe, denn die Großeltern sind neben den Eltern zusätzliche stabile Bezugspersonen für die Kinder. So können sie eine wichtige Stütze sein, wenn es in der Familie eine Krise gibt. Außerdem können sie bei Themen, über die sich Eltern und Kinder immer wieder streiten, vermitteln und den notwendigen Ausgleich zur elterlichen Haltung darstellen. Nicht nur weil Großeltern eine bedeutsame Rolle in den Familien spielen, sondern auch weil jeder Mensch ein Recht auf ein respektables und würdevolles Leben hat, ist es wichtig, dass alten Menschen ein solches Leben ermöglicht wird – unabhängig davon, ob sie nun im häuslichen Umfeld oder wie Allan Karlsson in einem Altenheim betreut werden.

C.

Schluss

Ausweitung des Themas

Abschlussprüfung Deutsch 2021

Das Corona-Virus hat auch im vergangenen Schuljahr die Prüfungsabläufe beeinflusst. Um dir die **Lösungen für die Prüfung 2021** schnellstmöglich zur Verfügung stellen zu können, bringen wir sie in digitaler Form heraus.

Sobald die Original-Prüfungsaufgaben 2021 zur Veröffentlichung freigegeben sind, können die Lösungen als PDF auf der Plattform **MyStark** heruntergeladen werden (Zugangscode vgl. Umschlaginnenseite).

Prüfung 2021

www.stark-verlag.de/mystark

Notizen

Notizen

Notizen

Notizen

Notizen

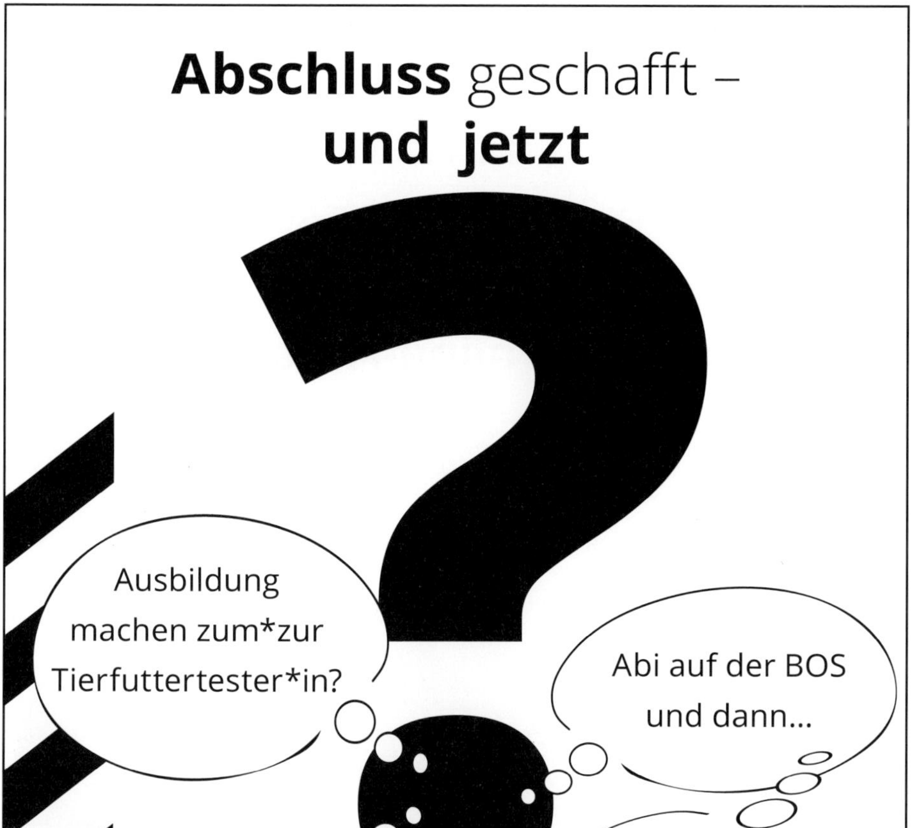
Abschluss geschafft –
und jetzt
Ausbildung machen zum*zur Tierfuttertester*in?
Abi auf der BOS und dann...
Erstmal in ein Klingonisch-Sprachcamp?
...Studium der Provinzialrömischen Archäologie?
Bei der Orientierung im Ernst des Lebens helfen unsere Ratgeber zur Studien- und Berufswahl
Pearson
www.pearson.de
STARK

Abschluss in der Tasche!
Und jetzt –
Studium oder Ausbildung?
But what about your English?
Jetzt gratis
Englischtest machen!
www.pearson.de/englischtest
Pearson